AF411397

Un raté

ROMAN

PARIS

ERNEST FLAMMARION, ÉDITEUR

26, Rue Racine, 26

Un raté

OUVRAGES DU MÊME AUTEUR

Chez le même éditeur.

LE MONDE A COTÉ, roman.

CEUX QUI S'EN F......

LE GRAND COUP, roman.

LA GINGUETTE, roman.

L'AMOUREUX DE LINE, roman.

LA CHASSE DE BLANCHE.

LA BASSINOIRE, roman.

L'AGE DU TOC.

CLOCLO, roman.

LES FROUSSARDS.

UN MÉNAGE DERNIER CRI, roman.

UN MARIAGE CHIC, roman.

JACQUETTE ET ZOUZOU, roman.

LE FRIQUET, roman.

LES CAYENNE DE RIO, roman.

ISRAEL, roman.

LES FEMMES DU COLONEL.

E. GREVIN — IMPRIMERIE DE LAGNY

GYP

Un raté

ROMAN

PARIS

ERNEST FLAMMARION, ÉDITEUR

26, RUE RACINE, 26

—

Un raté

I

Madame de Guéray rejoignit la jeune femme qui marchait devant elle, et, lui touchant l'épaule du bout de sa grande ombrelle :

— Eh bien, Suzanne?... C'est comme ça qu'on te trouve toujours le jeudi?...

Suzanne se retourna vivement.

— Oh! Marraine!... Vous venez de là-bas?... à pied?...

— Parfaitement!... je viens de « là-bas », comme tu dis... car c'est très là-bas chez toi!... il y a au moins une lieue!...

— Non, deux kilomètres...

— Oh! deux bons!... j'ai vu les enfants... et ton mari est revenu avec moi...

— Tiens!... Il est en ville?...

— Mais oui...

— C'est singulier !... Il m'avait dit qu'il ne sortait pas...

— Toi aussi, tu m'avais dit que tu ne sortais pas... et ça ne t'a pas empêchée de... Quelle drôle de tête tu fais !... Ah ça !... tu n'es pas jalouse, je suppose ?...

Madame de Guéray riait.

La jeune femme répondit d'un ton un peu piqué :

— Ça vous fait rire ?... Alors, si j'étais jalouse, ce serait excessivement bouffon ?...

— Dame !... quand je te regarde... et que je regarde ton mari... il me semble...

— Il vous semble ?...

— Que si l'un des deux doit être jaloux, ce n'est pas toi !... Tu es très coquette, ma petite Suzon ?... Ne proteste pas !... infiniment coquette, et jolie...

— Oh ! jolie !...

— Oui... inutile de faire ta violette !... Tu es jolie, et tu le sais parfaitement...

— Vous me trouvez jolie parce que vous m'aimez bien, mais...

— Turlututu !... Si j'étais seule de cet avis, ça te paraîtrait court, hein ?... Donc, tu es jolie, c'est convenu... quant à ton mari...

— Je sais bien que vous ne l'aimez pas, mon mari !...

— Je mentirais si je disais que je l'aime follement... mais je le considère comme un honnête garçon, très intelligent, très instruit... et profondément embêtant... à mon point de vue, s'entend... car je sais des gens qui, en parlant de lui, disent d'un ton pénétré : « Très fort, monsieur Myre!... un homme extrêmement intéressant!... »

— Mais, c'est vrai!...

— Je ne te dis pas le contraire... et je souhaite même, puisque tu l'as épousé, qu'il te paraisse plus intéressant que qui que ce soit...

— Est-ce vrai que vous souhaitez ça?...

— De tout mon cœur!... Je le souhaite d'autant plus que si ton mari n'est pas absolument le mari que j'aurais voulu pour toi, et si, au début de ton mariage surtout, je lui ai témoigné quelque froideur, j'ai fini par lui être très profondément reconnaissante du bonheur qu'il te donne depuis... combien y a-t-il de temps que vous êtes mariés?...

— Douze ans...

— Déjà douze ans!... Tu es restée la même?... tu as encore l'air d'une enfant!...

Et, s'éloignant un peu de la jeune femme, madame de Guéray la regarda affectueusement.

De taille moyenne, bien prise sans être bien faite, portant haut une tête aux traits fins posée sur un cou flexible, Suzanne Myre, au premier abord, attirait rarement l'attention. Mais quand on regardait attentivement ses grands yeux d'un bleu un peu froid, ses cheveux de ce blond cendré devenu si rare, sa bouche sérieuse, fraîche comme une fleur, on subissait peu à peu son charme personnel et pénétrant.

Coquette d'instinct, se sachant jolie, et s'ennuyant à mourir à Nancy, où son mari était banquier, Suzanne n'avait dans la vie qu'un but : plaire! mais plaire à tous, plaire pour plaire. D'abord madame de Guéray s'était inquiétée de cette disposition d'esprit, mais voyant le tempérament calme, la rigidité de principes et la parfaite tenue de la jeune femme, elle avait pris peu à peu confiance en elle.

La marquise de Guéray était une grande femme mince, souple, vigoureuse et alerte, pas jolie, mais étrange. Sa figure, étonnamment mobile, prenait en une minute cent expressions différentes. Les yeux gris, pailletés d'or, aux paupières lourdes bordées de cils touffus, étaient tour à tour tristes et rieurs; la bouche, trop grande, découvrait en s'ouvrant des dents éclatantes; le nez fureteur détonnait dans l'ovale régulier du visage; les cheveux noirs, soyeux et ondulés, contrastaient avec la peau rosée, une vraie peau de blonde, qui rougissait et pâlissait avec une surprenante facilité.

Quel âge avait la marquise?

Ceux qui la voyaient pour la première fois, et ne remarquaient pas les petites rides de ses yeux et

les mèches blanches de ses tempes, lui donnaient
trente-cinq ans. Ses ennemis — sa franchise
excessive et son originalité de langage et d'allures
lui en avaient fait beaucoup — affirmaient qu'elle
avait quarante-cinq ans. Elle-même disait en
avoir quarante, et, cette fois comme toujours,
elle disait la vérité.

La chronique scandaleuse de Nancy racontait
mille et une aventures attribuées à la marquise.
De fait, on n'en connaissait pas une seule.

Mariée très jeune et très ignorante à un mari
qu'elle aimait, elle avait, en apprenant à connaître
ses nouveaux devoirs, compris — à sa façon —
ses nouveaux droits. Pour elle, l'infidélité de
l'homme n'était pas plus excusable que celle de la
femme. Elle avait donc nettement averti le marquis de Guéray que sa conduite dicterait la
sienne, et que s'il la trompait elle le tromperait
aussi, ne fût-ce, disait-elle, que « par acquit
de conscience ».

Or, elle avait été trompée, l'avait su, et ses
bienveillants amis affirmaient qu'elle s'était em-
pressée de tenir sa promesse.

Ayant perdu très jeunes deux enfants qu'elle
aimait passionnément, elle avait donné tout ce qui
lui restait d'affection dans le cœur à son neveu,
ou plutôt à un neveu de son mari, Jacques de
Guéray, et à sa filleule Suzanne.

Suzanne, qui n'avait que dix ans de moins

que sa marraine, était la fille d'une amie des
parents de la marquise. Se sentant mourir, la
pauvre femme avait tenu à placer son enfant
sous la protection de cette autre enfant, qu'elle
devinait adorablement bonne, et, malgré sa brutalité apparente, capable de tous les dévouements.
Elle s'était dit que cette petite créature énergique,
croyante et volontaire, prendrait certainement
au sérieux ces devoirs de marraine si peu res-
pectés par les usages mondains ; et, tandis que les
parentes âgées criaient au scandale devant ce
choix bizarre, avait imposé sa volonté.

Quand elle perdit aussi son père, Suzanne
était encore toute petite et madame de Guéray était
mariée. Elle demanda l'enfant, qui lui fut refusée
et mise au couvent. Mais, plus tard, Suzanne
passa chez les Guéray ses jours de sortie et la
plus grande partie de ses vacances. Sa famille,
peu tendre, se débarrassait d'elle avec joie, en
répétant très haut qu'elle se sacrifiait aux intérêts
de la jeune fille.

Les Guéray habitaient Paris de Pâques au Grand
Prix, et le reste de l'année un vieux château bis-
cornu situé à une lieue de Nancy. C'est là que
Suzanne avait, à dix-huit ans, rencontré et épousé
M. Myre, malgré l'opposition de la marquise, qui
détestait les gens « d'argent ».

— Épouse-le si tu veux... — avait-elle dit, en
cédant devant la volonté de la jeune fille —

puisque tu as la rage de te marier!... ça vaut
encore mieux que d'épouser un officier!...

Aux yeux de madame de Guéray, nature casa-
nière et indépendante, il n'était pas de pire existence que celle de « femme d'officier ». Et elle
avait toujours redouté que Suzanne, un peu rê-
veuse et sentimentale, ne s'amourachât d'un des
gentils militaires qui flirtaient avec elle copieusement.

Le mariage avait été heureux. Deux petites filles
étaient nées. M. Myre, très actif et très intelligent,
gagnait beaucoup d'argent, et Suzanne, très fêtée,
semblait suffisamment heureuse d'offrir à l'admiration des Nancéens ses nombreuses toilettes et
ses grands airs indifférents de jolie femme sûre
de son succès.

— C'est vrai!... — répéta la marquise, après
avoir examiné sa filleule — tu as l'air d'avoir
vingt ans!...

— Et j'en ai bientôt trente!... Dieu!... que
cette chaleur est fatigante!

— Ah! je le crois!... surtout quand on vient
de chez toi à pied!...

— Pourquoi êtes-vous allée à pied, Marraine?...

— Parce que j'avais fait dételer à l'hôtel... Je
m'imagine toujours que Nabécor est plus près!...
Et puis... comme le jeudi est ton jour, je comptais
me reposer chez toi...

— C'est vrai... c'est mon jour... mais...

— Oh !... tu n'as pas besoin de t'excuser... je
te comprends !... Si je me disais : « Il faut que je
reste aujourd'hui chez moi !... » rien que ça me
donnerait envie de sortir !... Adieu !... moi j'entre
ici, chez Gallé !... toi, tu vas par là...

— Comment le savez-vous ?...

— Dame !... Tu vas à la musique !...

La jeune femme rougit :

— Qui est-ce qui vous l'a dit ?...

— Voyons, Suzon, ça crève l'œil !... Tu aban-
donnes ton jour, et tu es à Nancy à quatre heures
et demie, par une chaleur torride... dans une toilette flamboyante !...

— Comment la trouvez-vous, ma toilette ?...

— Oh ! tu sais, nous avons, en fait de toilette,
des goûts absolument opposés !... Je hais les fan-
freluches et tu les adores... j'exècre les grands
chapeaux et tu en raffoles... Tu affectionnes les
couleurs éclatantes, moi j'aime les nuances indé-
cises...

— Alors vous trouvez ma robe laide ?...

— Oui... mais qu'est-ce que ça peut te faire ?...
Il vaut mieux t'habiller à ton goût qu'au mien...
et, d'ailleurs, tu es très jolie tout de même dans
cette stupéfiante toilette...

Madame Myre regarda furtivement, dans la
glace d'un magasin, sa robe de foulard rouge et
son chapeau empanaché.

— Allons... — dit la marquise, — amuse-toi

bien à la musique... et n'oublie pas que vous dînez demain aux Hêtres?...

— Beaucoup de monde, Marraine?...

— Nous serons quinze... j'aurai quelques personnes le soir... Vous danserez si vous voulez?...

— Nous voudrons!... A demain!...

La marquise, avant d'entrer dans le magasin, resta un instant à regarder la jeune femme qui s'éloignait d'un pas un peu traînant et las, et elle pensait :

— Est-il possible qu'une femme jolie, intelligente et fine comme celle-là, trouve plaisir à aller, par une chaleur atroce, promener une robe rouge sous le nez de cinq cents imbéciles, au lieu de rester chez elle au frais à recevoir des amis!...

A ce moment, une voix jeune et gaie demanda :

— Qu'est-ce donc que vous contemplez si attentivement, Tante Charlotte?...

Madame de Guéray se retourna et vit son neveu qui la regardait en riant.

— C'est Suzanne qui...

— Suzanne!... Ah! parlons-en!... Elle est gentille!... J'arrive de chez elle!... sortie!...

— Oui, la voilà!...

Et la marquise indiqua la jeune femme qui disparaissait au tournant de la rue.

— C'est madame Myre, ce drapeau rouge?... Elle n'a pas le sentiment des nuances, votre filleule !... Ah !... à propos !... mon oncle, qui pensait que je vous verrais chez elle, m'a dit de vous demander d'aller le prendre en voiture à la musique...

— A la musique ?... Lui aussi !...

— Il avait à parler au général... En sortant de chez lui, il entrera à la Pépinière où il vous attendra à l'ombre, au lieu de revenir à l'hôtel par cette chaleur... il sera à gauche en entrant, dans la grande allée...

— J'irai le chercher...

— Je vous accompagnerai... Je retourne aux Hêtres avec vous... si vous voulez bien m'emmener ?... J'ai renvoyé mon cheval...

— Alors, fais atteler et viens me prendre ici ?...

La marquise entra chez Gallé, regarda les merveilleuses verreries et choisit, pour la fête de Suzanne, une grande coupe de verre marbré, sur laquelle voltigeaient de longs insectes bleuâtres.

Quand elle fut installée dans la victoria à côté de son neveu, Jacques de Guéray demanda :

— Tout à l'heure, Tante Charlotte, quand je vous ai dit que mon oncle était à la musique, vous avez crié : « Lui aussi ? » Pourquoi « aussi » ?

— Parce que c'est pour aller à la musique que Suzanne n'est pas restée chez elle aujourd'hui...

— Tiens !... Mais, les autres jeudis, il y avait aussi la musique, et elle recevait cependant ?...

Le jeune homme se tut. Puis il reprit, comme

s'il continuait tout haut une phrase commencée
tout bas :

— C'est joliment vrai, tout de même, qu'elle
aime les hommages... d'où qu'ils viennent !...

— Qui est-ce qui dit ça ?... — demanda vivement la marquise.

— Mais moi... et tout le monde !...

— Mon Dieu, Suzanne est, comme toutes les
femmes, sensible aux compliments, aux flatteries...

— Oh ! je connais des femmes qui ne sont pas
sensibles aux compliments et aux flatteries !...

— Cite-m'en une ?...

— Vous, Tante Charlotte !...

— C'est vrai !... Mais je déplore cette incapacité
d'éprouver ce qui doit être délicieux.... C'est une
infirmité, ça !... ça prive d'un tas de petites
joies !...

— Bah !... Vous êtes ravie d'être comme vous
êtes !...

— Non !... et, d'ailleurs, peut-être ne suis-je pas
ce que nous croyons... Peut-être n'a-t-on pas su
trouver ma corde sensible aux compliments ?...

— Si nous la cherchions, Tante Charlotte ?

— Trop tard, mon garçon !... je ne suis plus
une femme ! Je suis « la Tante Charlotte »... Ah !
grand Dieu ! j'oubliais, qu'à ce titre, on m'a
chargée d'une commission pour toi...

— Pour moi ?...

— Veux-tu épouser Yvette de Champreu?...

— Moi!... on me la donnerait?... à moi?...

— On fait mieux, on te l'offre!...

— Qui me l'offre?...

— Les parents... qui pensent qu'à cause de sa grosse fortune tu n'oserais pas la demander...

— Très chics, ces bons Champreu!...

— Oh! quant à ça tu peux être sûr que des parvenus agiraient différemment!... Ils t'encourageaient, pour te repousser probablement, et se vanter partout de t'avoir refusé!... A présent, réfléchis!... Les Champreu sont d'une des plus vieilles familles de France... — tu sais que ça m'est égal, mais je mentionne pour mémoire... ils donnent huit cent mille francs de dot à Yvette qui est charmante... et tu réalises à leurs yeux le type du gendre rêvé!... Qu'est-ce que je répondrai?...

— Votre avis, Tante Charlotte?...

— Mon avis, tu le sais, est que le mariage est idiot... pour les hommes, s'entend!... Là-dessus, je n'ai jamais varié et je ne varierai vraisemblablement jamais... quel que soit mon désir de te voir me donner des petits-neveux pareils à toi!... Mais j'ajoute que si tu dois faire la sottise de te marier, tu ne peux pas trouver une femme plus pure et plus jolie qu'Yvette, et des gens meilleurs que les Champreu... sans parler de la fortune qui est plutôt rondelette...

Jacques réfléchit un instant et répondit :

— Je ne veux pas me marier !...

La marquise le regarda.

— Tu ne veux pas te marier !... Depuis quand ne veux-tu pas te marier ?... Remarque bien que je ne blâme en rien cette décision, qui même me ravirait si je la croyais spontanée et durable... mais...

— Mais ?... — questionna le jeune homme avec embarras.

— Mais comme il y a six mois tu ne parlais pas ainsi, je pense que... qu'un incident quelconque a changé momentanément le cours de tes idées, ou que tu es... je ne dirai pas amoureux, c'est un bien gros mot pour toi... mais... occupé de quelqu'un...

— Mais, Tante Charlotte...

— Ne proteste pas, mon enfant !... Je ne te demande rien !... Nous sommes arrivés !...

Jacques descendit et tendit la main à sa tante.

La marquise ferma son ombrelle devenue inutile sous l'admirable voûte de verdure des vieux tilleuls, et, s'arrêtant à l'entrée de l'allée, promena autour d'elle son lorgnon d'écaille en disant :

— Je ne vois pas du tout ton oncle !... Mais il y a énormément de monde !... Depuis trois ans, je n'étais pas entrée à la Pépinière !... Quel est ce monsieur qui nous salue ?...

— C'est Hubert de Trênes...

— Tiens ! je ne le reconnaissais pas !... Est-ce que je vais être myope même avec mon lorgnon, à cette heure?... C'est ce grouillement qui m'ahurit.... et cette poussière surtout !... Il faut être enragé pour venir ici par cette chaleur !...

Et la marquise examinait, en clignant les yeux, les promeneurs pressés les uns derrière les autres, se marchant presque sur les talons, et les groupes compacts assis au pied des arbres et dans les ronds-points. Des bandes d'officiers sillonnaient la large allée : artilleurs sombres, hussards fringants et lignards modestes, et aussi des élèves de l'École forestière et des étudiants.

Des femmes, la plupart en grande toilette, des gouvernantes étriquées, conduisant des fillettes déjà poseuses et préoccupées de l'effet produit par leurs minuscules personnes ; des nounous à bonnets prodigieux, roulant sur les pieds des promeneurs les petites voitures chargées de poupons hurlants ou endormis. Et, au milieu de ce va-et-vient, les poussées brusques causées par le ballon qui roule dans les jambes, le chien auquel on a écrasé la patte ou le monsieur qui s'arrête court pour ramasser sa canne qu'il a laissé tomber. Puis, des bruits étranges : grelots des cerceaux; vociférations des camelots; cris des « mômes » ; et, dominant tout, le grincement des énormes crécelles des marchandes de gâteaux.

De la musique, à moins d'être exactement au pied du kiosque, on n'entend pas grand'chose, mais qui viendrait là pour écouter la musique ? On vient uniquement pour voir ou pour être vu.

Ceux qui sont là pour voir s'asseyent tout de suite en arrivant. C'est à qui attrapera la meilleure place, « au bord de l'allée », de façon que rien ne puisse échapper aux investigations. On assiste à d'inouïs déploiements de ruse, à d'étonnants manèges, à d'invraisemblables tours de force. On voit de frêles mains enlever au-dessus des fronts inquiets une lourde chaise de fer, et l'introduire dans un espace où il semble qu'une baguette n'aurait pas la place de se caser. Là on potine, on épluche, on juge, on médit, et surtout, surtout on calomnie ! On déchire, avec un entrain de tous les diables, les physiques, les réputations des femmes — voire des jeunes filles — qui défilent devant les rangées de chaises, et des hommes qui semblent les suivre ou les escorter.

Ceux qui défilent viennent pour être vus.

Ceux-là sont moins méchants, moins venimeux et moins lâches, mais plus vaniteux et plus sots. Ils prennent l'attention dont ils sont l'objet pour de l'admiration et de l'envie, et ils jubilent, ils font la roue. Et les femmes prennent un air indifférent, et les hommes tirent leurs manchettes ou font tournoyer leur canne, poussés par ce besoin de gesticuler particulier à tout individu qui se sait regardé.

Ceux qui s'asseyent et viennent pour voir sont les plus laids et les moins élégants. Femmes voilées et « poudrederisées » ; vieux garçons hargneux ; demoiselles montées en graine ; jeunes gens à lunettes, et vieilles dames à sacs. Tout ce monde, diversement groupé, épluche les malheureux qui défilent. Là on entend les lieux communs les plus haïssables et les plus stupéfiantes malpropretés. Pas une femme ne passe sans être impitoyablement traînée dans la boue. Il est vrai que parmi les femmes qui « vont à la musique », parmi celles qui « s'y promènent » surtout, il en est peu d'irréprochables. Le demi-monde de Nancy ; quelques dames du commerce nouveau jeu et quelques jeunes filles modern' style, suivies de mères plus ou moins déclassées, représentent seules « l'élément féminin ».

Bien entendu, les femmes de « la société » ne vont pas à la musique, ni pour s'y promener, ni pour s'y asseoir.

— Plus je vois grouiller ce flot — dit madame de Guéray — plus je me demande ce que Suzanne vient faire là-dedans ?...

Jacques répondit d'un ton sec :

— Elle vient éblouir messieurs les officiers, messieurs les étudiants... et même messieurs les forestiers...

La marquise regarda son neveu :

— Tu as dit ça drôlement ?...

— Moi ?...

— Oui, toi !... Toi, que je trouve aujourd'hui bien sévère pour cette pauvre Suzon ?... Qu'est-ce qu'elle t'a fait ?...

— Rien !... assurément rien !...

Et le jeune homme ajouta en riant d'un rire un peu faux :

— Je suis sévère parce que je suis injuste... probablement ?...

Madame de Guéray vit bien que son neveu répondait à côté, mais elle n'insista pas, et, changeant de conversation :

— Décidément, ton Oncle n'est pas là... je vais remonter en voiture... Si tu l'aperçois, envoie-le moi ?...

— Le voilà justement !... — dit le jeune homme — il est assis là-bas... tout là-bas !... avec madame Myre, Montreu et les Duclos...

— Oh !... des gens assommants, ces Duclos !... Enfin, allons-y tout de même !... Marche, je te suis !... Je n'y vois goutte au milieu de ces tas de chaises !...

Jacques quitta l'allée, et, précédant la marquise, se faufila au milieu des groupes. Une sorte de chuchotement s'éleva sur leur passage. On se poussait du coude ou du genou. Leur traversée prenait les proportions d'un événement, et, de temps à autre, un bout de phrase ou une exclamation quèlconque, se détachant du murmure, leur arrivait distinctement.

— Vite !... vite !... regardez à gauche !...

— Pourquoi?...

— Taisez-vous donc !...

— Pourquoi ?...

— Pchutt! donc !... C'est la marquise de Guéray !...

— Ah !... Tiens, oui !... Je ne la reconnaissais pas !...

— Et son neveu, monsieur Jacques !...

— Avez-vous vu son chapeau !... Il a des brides ?...

— Pourquoi pas un bavolet ?...

— C'est la première fois que je la vois à la musique !...

— Qu'est-ce qui lui prend?...

— Ça doit le gêner, le neveu, de promener, comme ça, sa tante !...

— Pourquoi?...

— Parce que, généralement, il rayonne dans le demi-monde...

— Ils vont rejoindre madame Myre... elle est assise là-bas avec les Duclos !...

— Et le petit de Montreu !...

— Ah! oui... n'oublions pas le petit de Montreu !...

— Pourquoi?...

— Dieu !... que vous êtes agaçant avec vos pourquois !... Mais vous ne voyez donc rien ?... tout le monde sait que le petit de Montreu fait la cour à madame Myre...

— Je comprends ça, moi !...

— Ben, pas moi !... Elle ne me dit rien du tout, cette femme-là !... elle manque de montant !...

— Il paraît que son mari est de votre avis ?...

— Pourquoi ?...

— Oh !... encore !...

— Dame !... Vous parlez de choses que je ne soupçonne pas !...

— Tout le monde sait pourtant que monsieur Myre fait la noce !...

— Qui est-ce qui vous a dit ça ?...

— D'abord, la grande Catherine... qui est payée pour le savoir...

— Ah !... est-ce que ?

— Oui... Et ensuite le Commissaire Central !... Il y a quelques chances pour qu'il soit bien renseigné !...

De temps à autre, Jacques, empêtré dans un défilé particulièrement étroit, se retournait, regardant « quel nez » faisait sa tante en entendant ces propos interrompus. La marquise ne bronchait pas, et sa figure, qui habituellement reflétait toutes ses impressions, restait impénétrable à tel point que le jeune homme pensa :

— Elle est si préoccupée de ne pas se jeter par

terre dans les chaises, dans les cannes et dans les jambes, qu'elle n'a rien entendu !... Tant mieux, sapristi !... car si elle se doutait que le ménage Myre cloche d'un côté... pour commencer... ça l'ennuierait considérablement !...

Le marquis avait aperçu sa femme et son neveu. Il fit quelques pas à leur rencontre. Madame Myre, qui tournait le dos, parut surprise et presque contrariée en voyant Jacques et madame de Guéray. Cependant, elle avança sa chaise en l'offrant à sa Marraine, tandis que le petit de Montreu — un jeune homme de vingt-cinq ans, un peu trop rose et un peu trop élégant — s'élançait, présentant à Suzanne une autre chaise.

— Mais... — dit la marquise — je ne vais pas m'installer, je viens seulement chercher mon mari !...

— Restez donc un instant ?... — demanda M. Duclos, un bon gros homme un peu vulgaire, marié à une femme pointue et bas-bleu que madame de Guéray avait en horreur.

Madame Duclos était une amie de couvent de Suzanne. Fille d'un médecin de Nancy, le docteur Ganuge, elle avait épousé M. Duclos, un riche brasseur, mal élevé et brave homme. Une autre demoiselle Ganuge, également l'amie de madame Myre, non moins laide et non moins bas-bleu que sa sœur, s'appelait madame Lemol.

Son mari, architecte, « politiquailleur », était la bête noire de la marquise.

— Mais oui, restez donc ?... — insista madame Duclos — vous avez bien le temps de rentrer aux Hêtres, puisque vous ne dînez qu'à huit heures !...

Et, tandis que madame de Guéray s'asseyait, elle ajouta :

— De cette façon, vous verrez ma sœur, qui va arriver ! Je ne comprends pas qu'elle ne soit pas encore là !... elle doit venir avec mon frère ?...

— Tiens !... — fit la marquise étonnée — vous avez un frère !

Madame Duclos parut stupéfaite de la question et répondit d'un ton pincé :

— Oui, madame, j'ai un frère qui a été élevé à Nancy, mais qui habite Paris depuis plusieurs années !...

— Ah !... quel âge a-t-il ?

— Vingt-deux ans...

— A-t-il une carrière ?... — continua la marquise voulant, par politesse, avoir l'air de s'intéresser, mais pensant à part elle :

« Ah! bien !... si ce Ganuge... que j'ignorais totalement... est aussi réussi que ses sœurs, il doit être gentil !...

A l'autre extrémité du cercle, Jacques et le petit Montreu accablaient de reproches madame Myre, qui se défendait avec ennui.

— Vraiment... — disait le petit de Montreu —

Jacques a raison !... Il est inhumain d'abandonner votre jour !...

— Et impardonnable de l'abandonner pour la musique !... — reprenait Jacques. — Si, au moins, c'était pour quelque ·chose d'amusant, passe encore !...

Le petit Montreu regarda autour de lui et murmura :

— Le fait est que pour ce qu'on voit ici !...

Il s'arrêta tout à coup, bouche bée, fixant d'un air effaré deux promeneurs qui s'avançaient lentement. Madame Myre rougit imperceptiblement et se leva en disant :

— Ah ! voilà Hortense !...

Et madame Duclos répéta comme un écho :

— Voilà Hortense !...

C'était madame Lemol, suivie de son frère, qu'elle présenta aussitôt.

— Mon frère, monsieur Gaston Ganuge...

La marquise s'était retournée et sa figure avait, à la vue du jeune homme, exprimé un ahurissement si comique, que Jacques se mit à dessiner du bout de sa canne des bonshommes sur le sable, baissant le nez pour cacher son envie de rire. Puis, les saluts et les présentations terminés, il vint serrer la main de M. Gaston Ganuge.

— Tiens !... Guéray !... je ne m'attendais guère à vous trouver ici !...

La stupéfaction de la marquise allait grandissante. Comment son neveu connaissait-il ce personnage singulier?....

Et elle regardait interrogativement le petit Montreu, dont la physionomie ébahie indiquait un étonnement pareil au sien.

Bien qu'elle fût une Parisienne pur sang, tout à fait « dans le train » et exempte de beaucoup de préjugés, madame de Guéray se refusait formellement à faire certaines concessions, à accepter certaines choses, qu'elle considérait comme inacceptables, et qui froissaient sa nature profondément honnête et délicate.

Elle ne s'occupait jamais des potins ni des méchancetés qu'on racontait sur les gens qu'elle recevait, tant que ces potins roulaient sur des aventures jugées par elle « avouables ». On pouvait, par exemple, l'avertir que madame X... ne venait à ses soirées que pour y retrouver M. Z..., ou que madame *** donnait rendez-vous à ses cinq heures à tous les hommes de sa petite cour, elle ne semblait pas entendre et trouvait toujours un moyen d'excuser en elle-même les peccadilles de ses amis. Mais si, pour une raison quelconque, elle avait le soupçon que ce qu'elle appelait « de vilaines histoires » s'ébauchaient ou se continuaient dans son salon, elle observait, et, quand le soupçon se changeait en certitude, congédiait tout de suite les coupables. Très aimable, mais très cassante; appelant les choses par leur nom;

ayant horreur de la pruderie et de la pose ; tourmentée d'un véritable besoin de faire justice,
chaque fois qu'elle en trouvait l'occasion, et tra-
hissant par ses gestes, par ses regards, par son
sourire, par son manque absolu de diplomatie,
tout ce qui se passait au fond d'elle-même, madame
de Guéray était très facile à juger au premier
abord.

Elle aussi jugeait à première vue, et revenait
ensuite très difficilement sur l'impression ressentie. Elle prétendait que si le premier mouvement n'est pas toujours bon, en revanche le
second est toujours mauvais, et elle se crampon-
nait comme un beau diable à ce qu'elle appelait :
« le jugement avant la lettre ».

Un des travers qui, chez un homme, avait le
don de l'exaspérer le plus, c'était l'excentricité
du costume. Elle comprenait qu'une femme
portât les robes les plus extravagantes, les chapeaux les plus invraisemblables ; mais c'était,
selon elle, un des privilèges de la femme, auquel
l'homme ne devait jamais toucher, sous peine de
se salir.

Un pauvre garçon ridiculement habillé parce
que son habit, retapé par un mauvais tail-
leur, lui vient de sa famille ; que son chapeau
lui descend sur la nuque ou reste, au contraire,
timidement à cinq centimètres au-dessus des
oreilles, et que sa cravate, mal nouée et d'une

fraîcheur douteuse, ressemble à un papillon poussiéreux, peut compter, non seulement sur la bienveillance, mais encore sur la sympathie de la marquise. Quant au monsieur qui combine ses costumes ; qui se fait « une tête », qui porte des couleurs bizarres ou du linge « orné » ; qui se pomponne, se parfume et s'effémine, elle éprouve pour lui une invincible répulsion. Elle trouve qu'il se dégrade et prostitue en quelque sorte sa personne. Enfin — et elle est en cela très vieux jeu — elle reconnaît que l'homme est encore, quant à présent, supérieur à la femme, et elle n'admet pas qu'il s'abaisse à son niveau. Or, la vue de M. Gaston Ganuge l'avait, selon son expression favorite, ahurie, à tel point qu'elle ne pouvait trouver un mot à répondre à la petite phrase fort bien tournée qu'il lui adressait, ni détacher ses yeux de la chétive et étrange personne du jeune homme,   .

D'une taille au-dessous de la moyenne ; les épaules suffisamment larges, mais la poitrine rentrée ; les pieds longs et minces, les genoux gros, M. Gaston Ganuge étonnait l'œil par une singulière inharmonie de formes. Son visage, assez régulier, exprimait l'intelligence. Ses yeux, d'un brun banal, s'enfonçaient profondément sous les sourcils ; le front large et haut, fuyait sous les cheveux plantés très en arrière, des cheveux trop longs et extrêmement abondants. La lèvre

supérieure, très mince, se dessinant d'une petite
ligne fine et cruelle sous la moustache clair semée,
d'un châtain roux, contrastait avec la lèvre infé-
rieure épaisse et lourde. La mâchoire, très déve-
loppée et violemment bestiale, s'élargissait vers
les oreilles, des oreilles extraordinaires, énormes,
exsangues et mal ourlées, très collées à la tête,
mais bizarrement attachées ; non pas inclinées
en suivant l'ovale du visage, mais renversées en
arrière, le lobe tourné vers le milieu de la joue,
de telle sorte que ces étonnantes oreilles atti-
raient tout de suite l'attention.

La barbe, frisée et rare, poussait très bas, déga-
geant totalement la joue et commençant seulement à la mâchoire, pour continuer très loin sur
le cou qu'elle envahissait à moitié. Le teint, plutôt bilieux que vraiment pâle, avait çà et là des
reflets de vieil ivoire. Le regard, insaisissable,
donnait à la physionomie quelque chose de trouble
et de malsain.

Le jeune homme portait un chapeau de feutre
marron, mou, à larges bords, une plume d'aigle
était piquée dans le ruban qui entourait le fond.
Le col de la chemise, rabattu et ouvert, montrait un cou cordelé et duveteux, un cou de
vieux vautour. Une cravate claire, « négligem-
ment » nouée, s'ébouriffait sur les larges revers
d'un vêtement étrange, orné d'une quantité
invraisemblable de boutons. Le gilet, très long

et ajusté comme un corsage de femme, coupait
en deux cette silhouette fluette, donnant l'impression d'un vêtement sans nom, trop long pour
être un gilet, trop court pour être un tablier.
Des gants de Suède d'un gris mourant, et une
ombrelle de soie écrue doublée de rouge, com-
plétaient un ensemble tout à fait étonnant.

Et la bonne marquise, et le naïf petit Montreu n'étaient pas seuls à s'étonner de cet accou-
trement. Tous ceux « qui viennent à la musique
pour voir » s'étaient retournés comme un seul
homme ; quelques-uns avaient même retourné
carrément leurs chaises pour mieux contempler le
nouveau venu. En province, un incident de ce
genre grandit rapidement aux proportion d'une
émeute. Chaque ville a presque toujours son fou,
qui se promène en mettant sa chemise par-dessus
ses vêtements, ou sa folle qui danse nu-pieds, en
traînant dans le ruisseau un cachemire de l'Inde
authentique... Oui, mais ceux-là sont « du pays ».
On les connaît et on les aime. Quand ils meurent,
c'est presque un deuil public.

Pour les nouveaux venus originaux ou excen-
triques, la province est au contraire féroce.
Elle ne pardonne pas à ceux qui attirent ou
cherchent à attirer l'attention par un moyen
quelconque.

— Comme vous êtes en retard !... — dit madame
Duclos — Je croyais que vous ne viendriez plus ?...

Madame Lemol répondit, en couvrant son frère d'un regard attendri :

— C'est que Gaston ne voulait pas sortir !... Il avait ses papillons noirs ?...

— Oui... — murmura le jeune homme qui sourit douloureusement — oui... j'avais ce que ma sœur appelle mes papillons noirs !... Mais, ajouta-t-il en s'inclinant vers madame Myre, j'avais promis de venir... et je suis venu !...

Suzanne ne répondit rien. Elle écoutait d'un air vague et un peu embarrassé :

— Tiens, tiens, tiens !... — pensa le petit de Montreu, tandis que Jacques regardait la jeune femme. — Tiens ! voilà donc pourquoi elle avait lâché son jour !...

M. Gaston Ganuge continuait à sourire d'un sourire tendu qui, découvrant des dents pas très saines, mais fines et pointues, cherchait à exprimer un complet désabusement.

Le marquis de Guéray détestait la mélancolie, à laquelle d'ailleurs il ne croyait guère. La pose évidente du jeune homme l'agaça, et il s'écria joyeusement :

— Alors, comme ça, monsieur, vous avez des papillons noirs?... A votre âge?... c'est invraisemblable !...

Ganuge regarda avec une profonde pitié le grand monsieur bâti en hercule qui se permettait de l'interpeller ainsi, et répondit :

— Est-il donc un âge pour la souffrance ?...

— La souffrance !... Bigre !... Je vous prie de m'excuser, monsieur... — fit le marquis — je ne savais pas que vous en étiez déjà là !...

Ganuge répondit lentement :

— J'en suis là, monsieur, mais je suis fier de ma souffrance... et je n'en voudrais guérir !...

— Vous êtes malade ?... — demanda avec un naïf intérêt le petit Montreu, dont la politesse extrême savait paraître s'intéresser à tout.

Et à part lui il ajouta :

— Ça ne m'étonne pas qu'il soit malade !... Il a un sale teint, ce garçon-là !...

Ganuge ne daigna même pas répondre. Il approcha sa chaise de celle de madame Myre et commença à causer avec elle, sans plus s'occuper de personne.

Madame Duclos se pencha vers sa sœur et questionna tout bas, d'un ton anxieux, en indiquant son frère du coin de l'œil :

— Qu'est-ce qu'il a encore eu ?...

— Une crise de larmes, comme toujours !... — répondit madame Lemol, d'un air navré.

La marquise n'y tint pas. Elle demanda curieusement :

— Quelle maladie a-t-il donc ?...

— Aucune !... — s'écria le brasseur, en haussant les épaules.

Mais madame Lemol reprit à voix basse, en

parlant contre l'oreille de madame Guéray :

— C'est de la neurasthénie... une affreuse neurasthénie... Nous avons enfin décidé mon frère à venir se soigner parmi nous...

— La neurasthénie !... encore une nouvelle maladie !... — dit le marquis — de mon temps, ça n'existait pas, tout ça !...

Ganuge avait entendu. Il se tourna à demi, et répondit d'un ton dédaigneusement impertinent :

— La névrose est de tous les temps !... Vigny était un névrosé... Gérard de Nerval aussi... Lamartine lui-même... C'est une affaire de tempérament !...

— Ma parole ! on dirait qu'il est fier de sa maladie !... — grommela le gros Duclos en haussant de nouveau ses lourdes épaules.

— Vous êtes poète, monsieur ?... — interrogea courtoisement M. de Guéray, sans paraître remarquer le ton sur lequel le jeune homme avait parlé.

Ganuge parut hésiter.

— Il me semble, dit-il enfin, qu'on peut être névrosé sans, pour cela, être nécessairement poète ?...

— J'en suis convaincu ! — répondit le marquis en riant.

— D'ailleurs... — reprit le jeune homme — tout dépend de ce que signifient pour vous ces deux mots : « être poète »... Si, par là, vous entendez

celui qui a eu un ou plusieurs volumes édités
chez Lemerre, alors, non, monsieur, je ne suis
pas poète !... Si, au contraire, vous considérez
comme poète le rêveur dont la pensée, toujours
idéalement amoureuse, flotte dans un songe har-
monieux... dont l'âme, hésitante et troublée, va
au-devant de la souffrance qui l'élève et la purifie...
alors oui, je suis poète !...

— J'aimerais mieux l'être tout bonnement chez
Lemerre, ça m'a l'air moins compliqué !... — dit
la marquise, agacée de voir que Suzanne écoutait
avec admiration.

Ganuge répliqua sèchement :

— En effet, madame, car tout le monde peut
« l'être chez Lemerre » comme vous dites... et
peu de gens le sont autrement...

— Hum !... tout le monde ?... Je vous assure
que moi, par exemple...

Jacques interrompit sa tante.

— Ganuge a fait de très beaux vers !... mais ils
ne sont pas imprimés... il les a lus à quelques
amis seulement...

Et madame Lemol s'écria :

— Mon frère écrit surtout en prose... Il fait
en ce moment un ouvrage très remarquable !...

— Qui se nomme ?... — interrogea la marquise.

Ce fut Ganuge qui répondit lentement, laissant
tomber chaque mot avec une sorte de respect :

— « *La Raréfaction Vibratile du Moi.* »

— Hein ?... — fit madame de Guéray, abasourdie, — vous dites ?...

— « *La Raréfaction Vibratile du Moi* », —
répéta M. Gaston Ganuge.

Et, plein de condescendance pour la faiblesse
d'esprit de ses compagnons, il ajouta :

— Vous ne comprenez probablement pas ce que
veut dire ce titre bizarre ?... je vais tâcher de
vous l'expliquer de mon mieux !... C'est...

La marquise l'interrompit.

— Inutile ! — dit-elle brusquement, — ne
prenez pas cette peine !... Je ne comprends pas
très bien le choix de ce titre, mais je comprends
ce qu'il signifie...

— Ah bah ! — fit le petit Montreu, qui
regarda madame de Guéray avec un étonnement
admiratif.

— Je sais... — continua Ganuge, se tournant
de nouveau vers madame Myre — que ce titre a
suscité tout un monde d'objections... mais il
exprime nettement ma pensée... Tant pis pour
qui ne saura pas l'entendre comme il faut !... Il
importe peu, d'ailleurs, d'être apprécié de la
masse... Je dirai même qu'il est doux et con-
solant de se sentir incompris dans certains
milieux...

— Je crois... — dit le marquis — qu'ici vous
goûterez pleinement cette consolante douceur !...

Le jeune homme répondit par-dessus l'épaule :

— Je ne goûterai rien !... Je compte vivre à Nancy dans la plus complète solitude !...

— Oh ! Gaston !... — implorèrent ensemble madame Lemol et madame Duclos — tu nous as promis, au contraire, que tu consentirais à te distraire ?...

— Mais laissez-le donc tranquille !... — grommela le brasseur — il saura bien se grouiller tout seul !... Le voilà à la Pépinière pour commencer... et ce n'est pas précisément une solitude, la Pépinière, les jours de musique !...

Ganuge, qui continuait à parler presque bas à madame Myre, se tourna vers son beau-frère et répondit rageusement :

— J'avais « promis » de venir ici, j'y suis venu... et pourtant je n'en avais guère envie, je vous le jure !... Je suis dans un de ces jours où l'on voudrait rester seul à rêver... sans faire un mouvement, sans prononcer une parole, tant est grande la crainte de voir s'enfuir le rêve ému qu'on ne retrouvera peut-être plus ?...

— Ben, sapristi !... — s'écria M. Duclos — tu n'avais pas l'air d'être dans ces belles idées-là, ce matin, au café !...

— Au café ?... — interrogea curieusement madame Myre.

— Oui, madame, au café !... Je passais à midi sur la place Stanislas, et j'ai aperçu monsieur

ici présent, qui pérorait et gesticulait ferme...
Ah !... Je vous réponds — continua impitoyablement le brave bonhomme, sans voir qu'il exaspérait son beau-frère — qu'à ce moment-là il
n'avait pas peur, en remuant ou en parlant, de
faire enfuir quoi que ce soit !... Il buvait son bock
en épatant les camarades... Et voilà !

La marquise et Jacques se regardèrent en
riant. Il était clair que M. Gaston Ganuge posait
pour Suzanne ; or, Suzanne n'admettait pas les
stations au café.

Très coquette, ayant un immense besoin d'être
entourée et adulée, elle ne comprenait pas qu'un
homme perdît au café un temps qui pouvait être
employé à flirter, ou même à causer. Elle avait
une façon agressive et méprisante de dire : « monsieur X... passe sa vie au café ! » — qui signifiait : « monsieur X... est une brute ! »

Madame Myre avait écouté parler le gros
Duclos. Quand il eut fini, elle regarda narquoisement Ganuge et lui dit :

— Et moi qui avais cru, en vous écoutant tout
à l'heure, que vous aimiez vraiment la solitude !...

— Mais je l'adore !... — s'écria le jeune homme
indigné — comme tout être intelligent doit
l'adorer !

Il s'arrêta un instant, et reprit, débitant avec
emphase :

— Chacun cherche la solitude en proportion exacte de la valeur de son propre Moi... C'est dans la solitude que le petit esprit sent toute sa petitesse et le grand esprit toute sa grandeur... C'est dans la solitude seulement qu'on se pèse à sa vraie valeur... Un homme, en somme, se trouve d'autant plus nécessairement isolé qu'il occupe un rang plus élevé dans le nobiliaire de la nature... et c'est une véritable jouissance pour un tel homme que l'isolement physique soit en rapport avec son isolement intellectuel... La fréquentation d'êtres hétérogènes le trouble et lui devient même funeste, car elle lui dérobe son Moi sans rien lui offrir en compensation...

Il s'interrompit et demanda, en regardant madame de Guéray qui riait :

— Cela vous fait rire, madame?... C'est pourtant l'avis des philosophes... Mais je vous ennuie, sans doute?... Vous ne devez pas aimer les philosophes?...

— Ma tante en aime un surtout... — dit Jacques qui riait aussi — Schopenhauer!...

— Ah!... — murmura le jeune homme, un peu embarrassé.

— Oui... — affirma la marquise — j'aime Schopenhauer!... et je ne sais pas si vous l'aimez, vous, monsieur, mais, dans tous les cas vous le connaissez, certainement?...

— Et joliment bien!... — appuya M. de Guéray — car votre citation était longue...

Ganuge les enveloppa d'un regard mauvais.

Qu'était-ce donc que ces gens qui se trouvaient là pour lui couper ses effets?... Bien sûr, ses sœurs, son beau-frère, ce petit serin (il désignait ainsi le petit Montreu), et madame Myre elle-même ignoraient totalement Schopenhauer?... ou si, par hasard, ils en avaient jamais lu quelques bribes, ils avaient dû n'y rien comprendre et n'en rien retenir?... Et ce Jacques?... qu'est-ce qu'il faisait donc là aussi, celui-là?...

La présence de Jacques le gênait moins, cependant, que celle des Guéray. Habitué à se rencontrer avec lui à Paris, dans certains cénacles entr'ouverts pour quelques initiés seulement, il le considérait vaguement comme un complice sur l'alliance duquel il pouvait compter au besoin.

Suzanne semblait mal à l'aise. La conversation prenait un tour qui l'inquiétait. Intelligente, mais pas du tout artiste ni lettrée, elle redoutait de laisser paraître son ignorance et cherchait à changer le ton qui, à son gré, s'élevait trop haut.

— Savez-vous, Marraine... — demanda-t-elle enfin — si le rallye sera jeudi ou dimanche?...

— Je n'en sais rien du tout!... demande ça à ceux qui font faire les obstacles?... — répondit la marquise, en désignant son neveu et M. de Montreu.

Le petit Montreu protesta :

— Mais, Madame, cette semaine, ça ne nous regarde pas !... c'est le rallye des officiers !...

— Ah ! c'est vrai !... je n'y pensais plus !...

Madame Lemol dit d'un ton pointu :

— En ce cas, mon pauvre Gaston, nous avons eu tort de te parler du rallye-paper... Messieurs les officiers ne nous font pas la grâce de nous inviter à leurs réunions... et tu seras privé de ce plaisir...

— Si Ganuge désire suivre... — proposa Jacques — je lui ferai envoyer une invitation, c'est simple comme bonjour ?...

— Mais... — ne put s'empêcher de remarquer le gros Duclos — ça n'est pas non plus solitaire, un rallye-paper... et puisque Gaston ne veut voir personne...

Madame Lemol coupa la parole à son beau-frère et répondit à Jacques d'un air pincé :

— Je vous remercie, monsieur !... J'accepte pour mon frère... S'il s'agissait de moi, je ne vous donnerais pas cet ennui !...

— Ça... — pensa Jacques — ça veut dire : « Faites-moi inviter aussi... » Ah ! mais non !...

Et il s'inclina sans répondre, ébauchant vaguement un geste de protestation.

— Pensez-vous, Marraine, qu'il faille se décolleter à moitié ou tout à fait demain soir?... — demanda tout à coup madame Myre.

— Tout à fait!... je suis pour tout à fait, moi! — dit en riant le marquis.

Furieuses, à la pensée qu'une réunion quelconque avait lieu sans qu'elles y fussent invitées, madame Lemol et madame Duclos s'écrièrent ensemble :

— Vous allez « en soirée » demain?... Où donc?...

— Aux Hêtres... — répondit madame Myre.

— Ah !... — firent les deux femmes d'un air maladroitement indifférent.

— Suzon... — demanda la marquise — veux-tu me rendre un service?... J'ai oublié de commander le pianiste pour demain... Il demeure à côté de chez toi, tu le feras prévenir, n'est-ce pas?... De cette façon, si vous avez envie de danser...

— Mais Marraine, nous pourrions jouer à tour de rôle?...

— Jamais !... ça me gêne et ça m'agace affreusement d'imposer une corvée à mes amis pour économiser un louis!... Je trouve ça bête!... Je plains si profondément ceux qui jouent pour faire danser, et je sais si bien, par expérience, à quel point, tout en protestant « qu'il est ravi », le patient peste intérieurement en s'asseyant au piano...

— Ça, c'est vrai!... — dit le petit Montreu.

— Parbleu!... même quand c'est le musicien, j'ai envie de lui faire des excuses, ainsi...

— Moi — affirma madame Lemol — je ferais danser avec plaisir pendant une nuit entière!...

Elle dit ça pour se faire inviter demain!... — pensa Jacques.

Le marquis regarda sa montre.

— Je crois, Charlotte, que si nous voulons dîner à huit heures, il faut nous mettre en route?...

Madame de Guéray se leva.

— Je vais rentrer aussi... — dit Suzanne — mon mari est d'une exactitude!...

— Il est certainement rentré, monsieur Myre! — fit madame Duclos — à cinq heures, il est monté dans le tramway de Bonsecours, et il nous a dit qu'il avait à travailler...

— Vous l'avez donc vu?... — interrogea Suzanne.

— Mais oui... je l'ai vu chez Hortense...

— Monsieur Myre est venu me faire une visite tantôt... — dit madame Lemol avec un peu d'hé-sitation.

Et elle ajouta aussitôt :

— J'ai changé mon jour!... Je reçois à présent le jeudi, de deux à cinq...

— Tiens! vous ne me l'aviez pas dit!... Enfin, puisque Paul est allé vous voir, tout est pour le mieux ! — s'écria la jeune femme dont la figure devenait gaie et souriante.

— Allons !... — pensa la marquise en observant cette gaîté — je ne m'étais pas trompée !... Elle est jalouse !... et la voilà tranquille depuis qu'elle sait ce que son mari est venu faire en ville... Jalouse de ce pauvre Myre !.. !.. !.. c'est tout de même cocasse !...

II

Le château des Hêtres, adossé à la fôrêt de
Heys, tout près de la ferme bâtie sur les ruines
de l'ancienne abbaye de Clairlieu, fut construit
en 1479 par René II, comte de Vaudémont, duc
de Lorraine.

Remarquable seulement par une admirable
corniche en torsade et par un superbe escalier,
le château, très délabré quand le marquis de
Guéray en hérita, contenait d'immenses appar-
tements de réception et quelques pièces glaciales,
insuffisantes pour loger les nombreux parents et
invités. Le vieux bâtiment fut réparé et on cons-
truisit, à soixante mètres environ de l'ancienne
habitation, une grande maison toute couverte
de chèvrefeuille et de rosiers grimpants, à toit de
chaume hérissé de lichens et d'iris, une maison
étonnamment gaie qui ressemble à un gigantesque
bouquet.

Le parc superbe ne se distingue du reste de la forêt que par ses grandes pelouses, où court une petite rivière terminée par une large nappe de cette eau admirable de la Lorraine, bleue, transparente et glaciale.

Le vestibule des Hêtres est magnifique. Au fond, l'escalier développe ses larges marches de pierre, amincies par l'usure, et si basses qu'il en faut monter quarante pour arriver au premier étage. La rampe de fer forgé est une merveille. Au pied de l'escalier, un dauphin de pierre, monté par un enfant qui souffle dans une conque, crache dans une grande vasque remplie de nénufars et de roseaux une eau qui s'éparpille en poussière irisée. Il y a de tout, dans ce vestibule immense : un grand billard empire, supporté par des sphinx de cuivre ; un petit billard moderne ; un tir de salon ; une toupie hollandaise ; un jeu de tonneau ; des divans ; des piles de coussins ; des peaux de bêtes ; des hamacs, et de grandes caisses de faïence Lorraine, où fleurissent des lauriers-roses et des grenadiers.

— Tante Charlotte !... — cria Jacques qui marquait un carambolage — je vous annonce une visite !...

La marquise lisait les journaux en se balançant dans un fauteuil de bambou. Elle répondit, sans lever les yeux :

— A une heure et demie !... et par trente degrés de chaleur !... Tu rêves !...

— Il ne rêve pas du tout !... — dit M. de Guéray, qui, sa queue de billard à la main, vint regarder par la grande baie — voilà une voiture devant l'étang de Clairlieu...

— Mais il n'est pas nécessaire qu'elle vienne ici, cette voiture... elle va peut-être dans la forêt?...

— Nous allons bien voir si elle tourne dans l'avenue?... Oui, Tante Charlotte!... elle tourne en plein?... Je me sauve, moi?...

— Pourquoi?... — demanda la marquise.

Jacques était en pantalon de molleton blanc, serré sur sa chemise de couleur par une grosse ceinture de soie bourrue. Il se regarda et répondit :

— Parce que je ne suis pas décent !...

Et, ramassant le veston qu'il avait jeté sur un des divans, il ajouta :

— Et que j'ai trop chaud pour remettre ma pelure !...

La marquise se leva, redressant sa grande taille souple dans son peignoir de crépon blanc.

— Moi non plus, je ne suis pas habillée !...

Elle prit une lorgnette, regarda un instant et s'écria :

— Ce n'est pas une visite, c'est Suzanne !...

— Suzanne !... — murmura Jacques, en s'élançant vers la baie.

Mais déjà madame de Guéray s'inquiétait.

— Est-ce qu'elle ne va pas venir dîner, qu'elle arrive à cette heure-ci ?... Pourvu que les enfants ne soient pas malades !

— Mais non... — dit Jacques — elle a l'air très gai, il n'est rien arrivé du tout !...

Et regardant le véhicule bizarre d'où sortait madame Myre, il se mit à rire en disant :

— Il n'y a qu'elle pour choisir un fiacre comme ça !...

C'était une de ces voitures étranges, qui balancent une carcasse indescriptible sur des ressorts inquiétants. L'intérieur était doublé de perse ancienne, autrefois glacée et chatoyante, aujourd'hui déteinte et ternie ; une de ces étonnantes étoffes qu'on n'aperçoit plus qu'en province et qui bientôt disparaîtront complètement.

Traînée par un misérable cheval blanc, pelé comme un vieux singe, rayé de coups de fouet et résigné comme un saint, la voiture à chaque tour de roue gémissait péniblement, ahanant en quelque sorte, alors que le cheval, en apparence insensible, ne soufflait même pas.

La jeune femme descendit en s'appuyant sur la main que lui tendait Jacques, et sauta au cou de la marquise qui demandait :

— Allons !... qu'est-ce qu'il y a ?... Pourquoi viens-tu à cette heure-ci ?...

— Je viens pour vous demander une grâce, Marraine ?...

Madame Myre, rose, les yeux brillants, semblait agitée et embarrassée. Il y avait en elle quelque chose d'anormal, et, tandis qu'elle entraînait la marquise à l'autre bout du vestibule, Jacques dit à son oncle, en reprenant la partie de billard interrompue :

— Qu'est-ce qu'elle a donc, la filleule ?... Elle n'est pas dans son assiette !...

M. de Guéray leva le nez et demanda :

— Il me semble que depuis quelque temps, elle t'occupe beaucoup, « la filleule » ?...

— Mais, mon Oncle... à quel propos... Pourquoi dites-vous ça ?...

— Pour rien... j'ai dit ça en l'air !... C'est que, tu sais, mon garçon, ta Tante qui te gâte, qui t'a toujours gâté d'une façon déplorable, qui trouve charmantes tes pires sottises, qui est, au fond, ravie quand elle apprend quelqu'une de tes peccadilles galantes... qui, enfin, est pour toi et tes défauts d'une faiblesse que je ne parviendrais même pas à qualifier...

— Pauvre bonne Tante Charlotte !... — murmura en souriant le jeune homme, qui enveloppa la marquise d'un regard affectueux.

— Oui !... Eh bien, pauvre bonne Tante Charlotte ne te pardonnerait pas de faire la cour à Suzanne, pour laquelle elle a exactement les mêmes faiblesses que pour toi... et que, de plus, elle se croit le devoir de protéger...

Jacques allait protester. M. de Guéray l'arrêta, demandant à sa femme qui discutait à demi-voix avec madame Myre :

— Eh bien, qu'est-ce qu'il y a?... Ça ne va donc pas?...

— Je suis désolée... — répondit la marquise — de refuser à Suzanne ce qu'elle paraît désirer vivement, mais il m'est impossible de faire ce qu'elle demande...

— Pourquoi ça?... Quelle est donc cette chose terrible que vous ne pouvez pas accorder?...

— Elle voulait nous faire inviter pour ce soir les Duclos, les Lemol, et...

— Et monsieur Gaston Ganuge?... — acheva moqueusement Jacques.

— Bigre!... — fit le marquis étonné — ça demande réflexion!...

— Comment!... Ça demande réflexion?... — s'écria impétueusement madame de Guéray — mais pas du tout!... C'est tout réfléchi!... je ne veux pas recevoir ces gens que je déteste!... Vous voilà bien, vous autres, avec vos tergiversations!...

— Vous autres, c'est « les hommes »!... — dit, en se tournant vers son neveu, M. de Guéray qui riait.

Madame Myre semblait embarrassée. Elle murmura doucement :

— Mon Dieu, Marraine, je regrette de vous avoir contrariée... je ne me doutais pas...

— Tu te doutais fort bien, au contraire !... Déjà, il y a cinq ou six jours, tu as cherché à m'insinuer que monsieur Lemol pouvait être utile à ton mari... que madame Lemol était une excellente personne... Une excellente personne !... madame Lemol !...

— Mais, Marraine...

— Avoue que tu aurais pu trouver un qualificatif plus vraisemblable... car cette femme-là, c'est ce qu'on appelle « une poison » !... Et son mari donc !... bavard, curieux, poltron !... Il a tout pour lui !...

— Je sais bien... — balbutia Suzanne — que Hortense et son mari ne vous sont pas sympathiques, mais les Duclos...

— Le gros Duclos est un brave homme que j'aime bien, mais sa femme est presque aussi mauvaise que sa sœur... Quant au frère, qu'on nous a montré hier, il a l'air de... je ne veux pas dire quoi...

— Pourquoi ?... — demanda vivement la jeune femme.

— Parce que tu es là, et que souvent, tu le sais, mon langage te choque...

— Mais... — s'écria madame Myre — qu'y aurait-il à dire sur monsieur Ganuge qui pût me choquer ?... Jacques le connaît et...

— Ah ! oui !... parlons-en !... une jolie connaissance qu'il a là, Jacques !... Un individu louche...
qui s'habille en femme...

— Oh ! Marraine !... en femme ?...

— Dame !... à peu près !...

Madame Myre se tourna vers Jacques, qui
depuis le commencement de la discussion s'en
était allé regarder par la fenêtre.

— Dites donc, Jacques ?... Vous lâchez joliment vos amis, vous !...

— Ganuge n'est pas mon ami... — dit le jeune
homme en revenant vers Suzanne — c'est une
simple connaissance d'atelier !... Nous nous ren-
controns très souvent parce que j'ai loué un atelier avec Agnély, un de mes amis, celui-là !...
Agnély, qui fait de la peinture médiocre, fait des
vers exquis !... Il reçoit des poètes de talent... et
ces poètes amènent d'autres poètes qui, à leur
tour, présentent qui ils veulent... Il n'y a pas de
raison pour que ça finisse...

— Et il a du talent, cet astèque ?... — demanda
la marquise.

— Peut-être ?... Mais, dans tous les cas, on le
lui a tant dit qu'il en est convaincu... Et, vraiment, il ne faut pas lui reprocher de croire ce
qu'on lui a si souvent répété...

— Si on lui a tant répété qu'il a du talent,
c'est que probablement il en a... — observa
madame Myre, d'un ton sec.

Jacques la regarda en riant.

— Ma chère Suzanne, vous ignorez complètement que la jeune école, ou du moins la plus
grande partie de la jeune école, s'est transformée
en société d'admiration mutuelle?... Là, tous
déclarent sans hésiter que « Tous ont du génie... » Tous sont sublimes, incomparables, ou,
tout au moins, divinement exquis... Quelques-
uns ont fait des vers passables, ou des tableaux
suffisants... mais la plupart n'ont fait que parler leurs livres et raconter leurs tableaux... Ils
vivent sur la réputation d'œuvres qui n'ont jamais
existé et n'existeront jamais!... Et eux-mêmes
finissent par croire que c'est arrivé!... Ils vénèrent leur génie incompris du vulgaire!... Ils
méprisent tous ceux qui ne croient pas aveuglément à ce génie!... Ils se sentent mûrs pour la
gloire!... Mais la gloire « restreinte », la gloire
entre Soi!... D'où Ganuge, et nombre d'autres
ratés...

— Alors... — questionna aigrement Suzanne
— monsieur Ganuge est, selon vous, un raté?...

— Absolument!... Et notez que Ganuge a une
réelle valeur... Il est intelligent, il a beaucoup
lu, et...

— Beaucoup retenu... — remarqua M. de
Guéray.

— Il n'a, je crois, ni cœur ni esprit... — reprit
Jacques — mais infiniment de nerfs, de volonté

et d'adresse... Moins « gobé », moins consacré
par la petite coterie dont il fait partie, il serait
probablement travailleur et intéressant...

— Et... — demanda Suzanne — monsieur Ganuge n'est même pas intéressant?...

— Non... il n'est que poseur et prétentieux...
Madame Myre se leva et dit :

— Puisque ma mission est terminée, je vais
me remettre en route...

La marquise l'interrompit :

— Ta mission?... Qu'est-ce que tu dis?... Tu
étais « chargée » de demander ces invitations?...

— Non, Marraine !... c'est une façon de dire !...
Hier, j'ai bien vu qu'Hortense et Mathilde avaient
envie d'aller chez vous, quand, à la musique,
nous avons parlé de la soirée...

— Pardon, quand «tu » as parlé de la soirée...
car j'ai même fait la réflexion que tu perdais une
jolie occasion de te taire... Je voyais une maladresse où il y avait, au contraire, une manœuvre
habile...

— Oh ! une manœuvre habile !...

— Eh oui !... Tu voulais me forcer la main,
mais ça n'a pas réussi?... Un vieux dur-à-cuire,
hein, la Marraine ?...

M. de Guéray s'approcha, conciliant :

— Voyons, Charlotte, puisque ça lui fait tant
plaisir, à cette petite... pourquoi ne pas donner
les invitations qu'elle demande !...

— Parce que nous ne recevons que des amis,
ou du moins des gens qui nous plaisent... Parce
que je serais au supplice, si je sentais chez moi
des individus hostiles, sots, envieux, venus pour
critiquer, éplucher, débiner... des individus que je
choque et qui m'horripilent... et qui, de plus, sont
prodigieusement ennuyeux !... Nous les rencon-
trons déjà trop souvent chez Suzanne... Ça suffit !...

Madame Myre tendit la main à la marquise.

— A tantôt, Marraine, et pardon de mon indiscrétion !... Ah ! à propos ?... Inutile, puisque je
n'ai pas réussi, de parler de ma visite à Paul, n'est-
ce pas ?... Je ne lui ai pas dit que je venais, et il
me gronderait peut-être ?...

— Votre voiture n'est pas là... — dit M. de
Guéray, qui s'était approché de la baie — le
cocher aura dételé pour faire reposer son cheval.
Attendez... je vais le faire avertir...

— Et pendant qu'il attellera... — répondit
la jeune femme — j'irai chercher des roses...
Vous permettez, Marraine ?...

— Tout ce que tu voudras !... Jacques va aller
avec toi... Moi, j'ai trop chaud !...

Le jeune homme prit un chapeau de paille
accroché près de la porte, et s'effaçant, fit passer
Suzanne.

— As-tu le sécateur, au moins ?... — demanda
la marquise — Non... n'est-ce pas ?... justement
le voilà !...

Jacques vint prendre le sécateur que lui tendait sa tante, descendit en courant le perron et rejoignit madame Myre quand déjà elle tournait dans le chemin qui mène à l'Allée des Fleurs.

L'Allée des Fleurs, une très grande allée toute droite, plantée de rhododendrons et d'azalées géants, est bordée de rosiers de toutes les tailles et de fleurs de toutes les espèces ; lis, glaïeuls, capucines, pivoines, digitales, hortensias, iris, pensées, pois de senteur, résédas, œillets, poussent pêle-mêle dans un admirable désordre. De temps en temps, un énorme soleil, s'élançant des bordures fleuries, avance son gros corps velu dans lequel bourdonnent les frelons trapus et lourds.

L'Allée des Fleurs finit au Champ des Pavots ; un champ hérissé de pavots gigantesques, de toutes les nuances et de toutes les formes.

La marquise a pour les enfants, pour les fleurs et pour les animaux, une tendresse infinie. Elle-même soigne ses plantes. Elle les caresse de ses mains un peu brusques, qui savent alors se faire légères et douces comme des ailes. Personne, excepté Suzanne, n'ose franchir la petite barrière couverte de chèvrefeuille et de clématite qui défend l'entrée de l'Allée des Fleurs, plus connue au village sous le nom de « l'Allée de madame la Marquise ».

Suzanne s'avançait doucement entre les deux

bordures fleuries. Elle avait une robe de batiste
d'un bleu très pâle, serrée par un ruban qui
faisait plusieurs fois le tour de sa taille mince, et
se nouait par derrière comme une ceinture de pen-
sionnaire. Ses cheveux, d'un blond si doux, sor-
taient du grand chapeau de paille enguirlandé
de bluets, et se nouaient en torsade aux reflets
d'argent sur le cou long, blanc, d'une élégance
extrême.

Jacques, qui marchait derrière la jeune femme,
admirait la grâce de sa démarche un peu lasse
et singulièrement attirante. Il ne disait rien et,
peu à peu, un malaise l'envahissait. Il ferma les
yeux pour ne pas voir madame Myre, et, les yeux
fermés, il vit plus nettement encore onduler la
souple ligne bleue de sa taille et de ses hanches.
Alors, pris du désir de dissiper cet étrange
malaise, d'entendre une voix qui le sortît de cette
torpeur, il murmura :

— Vous avez une vraie démarche pour être
suivie, vous !...

Elle s'arrêta et se mit à rire.

— Vraiment?... Au lieu de vous occuper de ma
démarche, cueillez-moi donc des fleurs !...

— Quelles fleurs voulez-vous?... Désignez !...
je coupe...

— Comment !... Vous ne savez même pas faire
un bouquet?...

— Même pas est dur !... Mon Dieu, je vous

avouerai que je ne passe pas ma vie à cueillir des fleurs !... et que depuis le temps où Tante Charlotte m'envoyait, quand j'étais tout petit, faire des bouquets pour les dames qui venaient la voir, je n'ai guère...

— Eh bien ! faites-moi un bouquet comme ceux que vous faisiez pour les dames qui venaient voir Tante Charlotte ?...

— Ah ! — s'écria le jeune homme en riant, — ils étaient jolis, mes bouquets !... ça m'embêtait profondément de les cueillir, vous savez ?... alors, pour aller plus vite, je prenais ce qu'il y avait de plus gros... et je bâclais ça !... une pivoine, un soleil, un dahlia, et le tour était fait !... Vous ne voulez pas, je pense, que...

— Non... donnez le sécateur... je vais couper les fleurs et vous les porterez ?...

Et madame Myre, souple et gracieuse, s'inclina, choisissant et coupant des œillets, des roses, et aussi de grosses bottes de réséda, qu'elle empilait sur les bras de Jacques. Quand elle eut bien tondu, bien taillé et piétiné, elle dit au jeune homme qui, les bras tendus, avait maintenant des fleurs jusqu'aux yeux :

— A présent, cherchons une place à l'ombre pour nous asseoir et arranger mon bouquet ?...

— Ah ! sapristi ! je ne demande pas mieux ! — répondit-il avec conviction, en retenant sous son menton la masse fleurie prête à s'écrouler.

— Où trouver de l'ombre ? — demanda Suzanne, en regardant autour d'elle — est-ce qu'il va falloir aller bien loin ?...

— Non... traversez le Champ des Pavots et tournez à droite...

— Le long de la rivière ?... dans le petit sentier ?...

— Oui... Attendez, je vais passer devant et vous conduire dans un petit coin que je connais...

Il fit quelques pas et entra dans un chemin couvert. Les branches des arbres se rejoignaient, formant une voûte touffue.

— Prenez garde à vos yeux, cette charge de fleurs m'empêche d'écarter les branches... Je ne peux pas bouger !...

— Est-ce qu'il faut marcher longtemps au milieu de cette forêt vierge ?... — demanda en riant madame Myre. — Moi qui ai passé pendant six ans toutes mes vacances aux Hêtres, je ne connaissais pas ce chemin perdu... et peu praticable...

— Nous sommes arrivés... — dit le jeune homme, en s'arrêtant à l'entrée d'un petit rond-point tapissé et plafonné de verdure.

Il déposa les fleurs au bord d'un ruisseau qui courait clair et rapide, heurtant les grosses pierres moussues et les éclaboussant sans les recouvrir tout à fait, et se tournant vers Suzanne :

— Hein ?... il est gentil, mon petit coin ?... On

n'y est pas taquiné par le soleil... ni par rien, d'ailleurs !... je viens ici lire et fumer...

— Oui, c'est gentil!... — dit-elle.

Elle s'assit à terre, près du tas de fleurs, comme un bébé, en allongeant toutes droites ses fines jambes et ses pieds minces chaussés de souliers trop pointus, et commença à rassembler les roses.

Jacques se coucha à plat ventre, et, les coudes à terre, la tête appuyée sur ses mains, regarda sans rien dire Suzanne, dont la silhouette claire se détachait sur le fond sombre. A terre, un tapis de feuilles d'un vert foncé, au milieu desquelles apparaissait, çà et là, la petite tête bleue d'une pervenche, faisait ressortir la nuance si douce des jupes étalées. Madame Myre avait très chaud. Otant son grand chapeau, elle s'en servit pour s'éventer, et des bouclettes cendrées voltigèrent autour de son front et de ses tempes. Puis, elle demanda :

— Avec quoi vais-je attacher mes roses ?... nous n'avons pas pensé à ça?...

— Nous n'avons pas pensé à ça!... — répéta machinalement Jacques.

Elle cherchait. Tout à coup elle s'écria :

— Ah!... je vais prendre le ruban de ma ceinture... il est fané!... Tenez, dénouez-le?... nous le couperons avec le sécateur?...

— Mais, murmura-t-il, votre robe?

— Eh, ma robe?... qu'est-ce que ça me fait?... Je vais, d'ailleurs, garder assez de ruban pour faire une fois le tour de la taille... afin de n'avoir pas une blouse flottante pour rentrer à Nancy...

Jacques ne bougeait pas. Elle reprit, fatiguée de maintenir les tiges du bouquet :

— Eh bien, voyons?... Voulez-vous m'aider?... Je ne peux pas dénouer un ruban dans mon dos, n'est-ce pas?...

Il s'approcha.

— Il faut vous lever. Je ne vois pas comment tout ça est arrangé!...

Elle se mit à genoux, présentant sa taille cambrée à Jacques qui, à genoux aussi derrière elle, tâchait de dénouer les longs rubans. Il essayait vainement de s'absorber dans son travail. La douce odeur qui s'envolait des cheveux et de la peau même de Suzanne; cette odeur de femme blonde et saine, qui ne se parfume pas, et près de laquelle on retrouve à peine la légère senteur de violette de l'honnête poudre de riz, lui montait à la tête plus que n'importe quel parfum violent. Ses tempes battirent plus vite, il pâlit, et comme madame Myre se renversait vers lui en souriant de sa maladresse, il lui saisit la tête dans ses mains et couvrit de baisers fous son cou et ses yeux.

Elle se dégagea brusquement, plus surprise que fâchée.

— Ah çà!... — demanda-t-elle — qu'est-ce
qui vous prend?...

Jacques s'était relevé, stupéfait, lui aussi, de
ce qu'il venait de faire.

— Je vous demande pardon, Suzanne!... —
dit-il d'une voix un peu rauque — oui, sincèrement, pardon de... de ma brutalité... mais si
vous saviez... si vous...

Étonnée, elle regardait sans répondre ce beau
grand garçon qui balbutiait et tremblait.

Jacques de Guéray, très grand, avec sa longue
moustache blonde ébouriffée, ses yeux bleus,
son teint bruni par le hâle, ses larges épaules et
sa tournure svelte, était beau d'une beauté robuste
et élégante, d'une de ces beautés qui ne font pas
dire : « Il est joli garçon ! » mais qui font qu'on
demande : « Qui est ce monsieur » ?... Fin, spirituel, instruit, très charmeur quand il voulait se
donner la peine d'être aimable, Jacques était surtout adorablement bon, de la bonté tranquille
et indulgente des êtres forts.

Madame Myre ne répondait rien, il reprit :

— Je vous demande sincèrement pardon...

— Je vous pardonne... — dit-elle en riant —
mais ne recommencez plus!... Je me demande
même pourquoi vous avez... commencé?... car
enfin, mon cher Jacques, il y a vingt ans que nous
avons le bonheur de nous connaître, et je n'ai
jamais remarqué...

— Jamais... je le sais bien !... c'est ce qui m'a toujours empêché de parler...

— Ah !... vous appelez ça... « parler » ?...

— Riez !... Je suis parfaitement ridicule, je m'en rends bien compte, allez !...

— Pourquoi, ridicule ?...

— Parce qu'il n'est pas de situation plus grotesque pour un homme, que d'être ému et bouleversé devant une femme, alors que cette femme ne l'aime pas et... ne l'aimera pas ?... car vous ne m'aimerez pas... dites, Suzanne ?...

— Non !...

— Jamais ?...

— Jamais !...

— Je le savais !... et pourtant j'éprouve un chagrin violent à vous l'entendre dire... Je vous aime tant !... je vous aime depuis si longtemps !...

Madame Myre, qui s'était relevée et tapotait sa robe, répondit moqueusement :

— Vraiment ?... vous dissimuliez bien, en ce cas !...

— Oui... tant que je vous ai vue sage et heureuse, vivre paisiblement la vie choisie par vous, j'ai... dissimulé, comme vous dites... parce que je suis, après tout, un brave garçon, et que pour rien au monde je n'aurais voulu troubler votre tranquillité... Mais aujourd'hui...

— Aujourd'hui ?...

— Aujourd'hui... vous le savez bien... des

idées nouvelles sont en vous ?... Ce qui vous suf-
fisait il y a huit jours ne vous suffit plus... Vous
rêvez « l'inconnu », parce que, en dépit de vos
prétentions à la rouerie, vous êtes prodigieusement naïve, et que vous croyez avoir rencontré
cet inconnu ?...

— Eh bien ?...

— Eh bien, je n'ai plus, moi, à respecter ce
calme et cette pureté que je respectais jusqu'ici !...
Vous devenez à mes yeux une femme contre les
autres, et les désirs, endormis quand ma volonté
les rendait irréalisables, se réveillent brutalement
lorsque votre volonté seule est un obstacle à
leur accomplissement...

— Je ne comprends pas !... — dit froidement
madame Myre en ramassant dans l'herbe les
bottes de fleurs.

— Vraiment ?... Eh bien, voici !... Je vois... il
faudrait être aveugle pour ne pas le voir... que
vous avez « remarqué » quelqu'un... et j'en suis
horriblement malheureux... Et je dis : « Pourquoi
pas moi, qui vous aime tant, plutôt que cet
autre qui ne vous aime pas?... »

— Je continue à ne pas comprendre un mot !...
C'est cette chaleur qui vous fait divaguer !... Si
nous rentrions... Mon fiacre est attelé, je pense?...

Elle reprit, suivie de Jacques, le petit chemin couvert, et ils revinrent à la maison sans
échanger un mot.

M. de Guéray les attendait en fumant sa pipe
sur le perron :

— Ta tante te prie d'aller à Nancy... — dit-il
à Jacques — elle prépare quelques commissions
qu'elle a à te donner... Tu vas partir avec
Suzanne, et la voiture qui ira chercher les officiers de Lunéville au train te ramènera.

La jeune femme rougit, comme cela lui arrivait
lorsqu'elle était vivement contrariée. Ce fut très
rapide, mais le marquis et son neveu s'en aperçurent :

— Tiens !... tiens !... — pensa M. de Guéray
— elle n'a pas envie de l'emmener !... Pourquoi
ça !... Et il a une singulière figure... Est-ce qu'il
a fait quelque sottise ?...

Et Jacques se disait :

— Ganuge l'attend évidemment à l'entrée de
la ville, où il la rencontrera par hasard pour
connaître le résultat des négociations... Je serais
très gênant... à présent surtout !...

Il répondit :

— Je ne suis pas habillé, et je ferais attendre
trop longtemps madame Myre, qui est pressée
de rentrer...

Suzanne, comprit qu'il était bien décidé à ne
pas l'accompagner, et elle ne résista pas au
plaisir de le taquiner

— Moi... je suis pressée de rentrer ?... — fit-.
elle d'un air profondément étonné.

Et, voulant en même temps éloigner tout soupçon de l'esprit du jeune homme, elle insista :

— Mais, au contraire... Allez donc vous habiller !... Je serai ravie de faire la route avec vous ?...

— Non, merci !... — dit Jacques.

Et, au moment où le vieux cheval blanc démarrait à regret, il murmura, en arrangeant la robe de Suzanne pour l'empêcher de frotter contre la roue :

— Jai assez « gaffé » pour aujourd'hui !...

Quand il rentra dans le vestibule, la marquise, une liste de commissions à la main, descendait l'escalier.

— Comment ?... — demanda-t-elle — Suzanne est partie sans t'attendre ?...

M. de Guéray examinait en riant son neveu. La marquise le regarda aussi et s'écria :

— Tu as l'air tout chose, toi !... Qu'est-ce que tu as donc ?...

Le jeune homme, énervé par cet examen, sentit venir les larmes qu'il refoulait depuis un moment. Il se frotta vivement les yeux, et répondit, pour prévenir une nouvelle question :

— Rien... c'est dans le petit chemin du ruisseau... Suzanne m'a envoyé une branche dans l'œil...

La marquise demanda narquoisement :

— Et c'est pour une branche dans l'œil que tu

fais cette tête-là?... Car elle est drôle, tu sais, ta tête?...

Jacques ne répondit pas. Il prit un journal et entra dans le petit salon dont il referma la porte un peu bruyamment. Très étonnée de ce mouvement d'humeur, et craignant d'avoir peiné son neveu, madame de Guéray le suivit et s'asseyant sur un des divans :

— Voyons, qu'est-ce que tu as, Jacques ?... — demanda-t-elle, sérieuse cette fois.

Il se tourna vers elle et répondit, le visage changé, la voix dure :

— J'ai du chagrin, parbleu !... C'est excessivement drôle, n'est-ce pas ?...

Puis, s'asseyant brusquement, il posa sa tête sur l'épaule de la marquise et sanglota de toute son âme.

Madame de Guéray le laissa pleurer. Très émue, elle sentait le cœur de Jacques battre sur le sien à coups pressés et irréguliers. Jamais, depuis sa très petite enfance, il n'avait pleuré devant elle. Cette douleur violente la bouleversait, et elle demeurait immobile et silencieuse, caressant doucement de la main les cheveux du jeune homme, sans même chercher à le consoler.

— Pardon, Tante Charlotte !... — murmurat-il — pardon... de vous ennuyer comme ça !... Mais il n'y a que vous qui soyez bonne pour moi !... Il n'y a que vous qui m'aimiez!

Il colla sa joue contre celle de la marquise, et l'enveloppant plus étroitement de ses bras, se serra frileusement contre elle, abandonné et confiant, en répétant :

— Car vous m'aimez, vous, n'est-ce pas, Tante Charlotte ?...

Troublée et devenue subitement pâle, madame de Guéray le repoussa presque brutalement, et, d'un ton qu'elle s'efforçait de rendre enjoué :

— Tu le sais bien, grande bête, que je t'aime !... Mais ôte-toi donc !... Tu m'écrases !...

Il s'éloigna, surpris de cette rudesse, et demanda :

— Vous aussi, vous me trouvez ridicule ?... C'est que vous ne savez pas comme on est malheureux quand on aime sans espérer se faire aimer jamais ?... Vous ne le savez pas ?...

— Crois-tu ?... — dit doucement la marquise.

— Oui !... Vous avez toutes les qualités, Tante Charlotte, mais vous n'êtes pas une nature tendre./. et je parierais que vous n'avez jamais aimé personne ?...

— Vraiment, tu parierais ça ?...

Elle souriait, mais sa voix était si profondément altérée, son accent si sincèrement douloureux, que Jacques, étonné, reprit vivement :

— Après ça... je me trompe peut-être ?...

Déjà la marquise se remettait, et ce fut gaîment qu'elle dit :

— Non, tu ne te trompes pas !... Mais nous ne sommes pas ici pour m'analyser !... Tu disais donc que tu aimes sans espoir — comme dans les romances ?...

— Oui... j'aime Suzanne !...

— Patatras !... j'en étais sûre !... Il y a long-temps que je redoutais ça !... Que de fois, ton oncle et moi, nous nous sommes demandé s'il était prudent de vous réunir aussi souvent ?... J'avoue que c'est plutôt il y a quatre ou cinq ans, quand tu es revenu des Indes, que j'ai eu peur... Depuis j'étais tranquille... à peu près... et c'est hier seulement qu'un soupçon m'est venu...

— Pourquoi hier ?...

— Parce que tu critiquais la coquetterie de Suzanne avec une sorte d'amertume... et que, à la musique, tu semblais très ennuyé de voir qu'elle admirait ton Raté...

— « Mon » Raté ?... permettez...

— Je ne permets pas !... Il n'y a pas à dire, mon enfant, tu as de fichues connaissances !... Enfin ! tu pleurniches parce que Suzanne ne t'aime pas... et, si elle ne t'aime pas, je suis tranquille !...

— Merci !...

— Dame !... Tu ne penses pas, je présume, que mon affection pour toi aille jusqu'à...

— Alors, vous préférez que ce soit le Raté, comme vous dites ?...

— Eh oui, je le préfère !.. Avec le Raté, ce sera un flirt à jet continu...

— Il est joli, le flirt !...

— Peu m'importe !... Il lui posera du Schopenhauer, il lui racontera « *la Raréfaction Vibratile du Moi* », et il cherchera à l'étonner par tous les moyens dont il dispose... un point, c'est tout !... Avec celui-là, il ne saurait être question de... du reste... Tandis qu'avec toi...

— Comment ! — fit le jeune homme étonné, — il ne saurait être question du reste ?... Et pour quelle raison n'en serait-il pas question, je vous prie ?...

— Mais tu ne l'as donc pas regardé ?... Il est vilain comme tout... et pas ragoûtant...

— Ah bien !... — s'écria Jacques avec conviction — si vous croyez que ça fait quelque chose ?...

Il parlait avec cette expérience des beaux et solides gas, qui savent que souvent on leur préfère les vicieux et les malsains. Il en avait assez vu, dans sa carrière galante, de ces femmes qui s'éprennent de la laideur avec d'autant plus d'emportement qu'elles s'imaginent excuser par là leur faute. Se donner à un homme pour les beautés de son intelligence les relève à leurs propres yeux. Il leur semble qu'elles affinent l'amour et que la grossièreté de l'acte s'efface et disparaît en quelque sorte. Mais la marquise, qui ignorait la sensiblerie et même la sentimentalité, n'admettait pas qu'une femme pût éprouver un amour physique pour un individu répugnant. Elle protesta donc énergiquement :

— Certes oui... ça fait quelque chose!... Et je connais assez Suzanne pour ne rien redouter de ce côté!... Quant à toi... puisque tu sais qu'il n'y a rien à espérer... va-t'en!... Fais un voyage?...

Et sautant aussitôt sur cette idée de faire voyager son neveu, madame de Guéray ajouta, la figure presque rassérénée :

— Oui!... pourquoi ne ferais-tu pas un voyage, au fait?... Tu ne connais pas la Perse, vas-y... C'est très bien porté, dans ce moment-ci, d'aller en Perse...

— Mais, Tante Charlotte... — dit Jacques en souriant — vous avez donc bien peur de moi?... Savez-vous que c'est très flatteur, ça?...

La marquise rougit jusqu'aux cheveux, et, se levant brusquement :

— Je n'ai pas peur de toi... ni de personne, d'ailleurs!... Fais ce que bon te semblera!... Seulement, laisse Suzanne tranquille, tu m'entends?...

III

Quand, à sept heures et demie, la marquise
entra dans le salon, presque tous les invités
étaient arrivés, et M. de Guéray, surpris de
l'inexactitude de sa femme, s'apprêtait à lui
faire demander pourquoi elle ne descendait pas.

Très séduisante encore et très étrange, drapée,
roulée pour ainsi dire, dans une molle étoffe
blanche qui découvrait ses épaules et ses bras,
elle s'avança de son pas glissant vers madame
de Juvisy, une voisine de campagne, et la
petite duchesse de Réol, une nouvelle mariée en
garnison à Lunéville, et s'excusa de son retard.
Jacques, qui regardait sa tante, crut voir qu'elle
avait pleuré. Ses yeux luisaient singulièrement
et le dessous des paupières semblait meurtri.

— C'est ma faute... — pensa-t-il — j'ai eu tort
de lui parler de tout ça... elle va se monter la
tête, s'inquiéter pour sa filleule... Et pourtant,

Dieu sait qu'il n'y a rien à craindre de mon côté... Pauvre Tante Charlotte!...

Il sentait qu'il aimait bien cette femme, bourrue et bonne, qui avait entouré de ses soins si tendres son enfance un peu abandonnée. Il éprouvait en ce moment pour elle un respect profondément affectueux. Il eût voulu s'agenouiller à ses pieds et lui dire, comme quand il était tout petit et qu'il cherchait à faire oublier quelque bêtise :

— Sommes amis tout de même, dites, Tante Charlotte?...

Et ce fut avec une impatience extrême qu'il entendit le petit Montreu murmurer, en le poussant du coude et en indiquant d'un clignement d'œil la marquise debout au milieu du salon :

— Pas piquée des vers, hein, la Tante?... Regarde-moi un peu ces épaules?... et ces bras... et cette peau éblouissante... On dira tout ce qu'on voudra, elle est encore désirable comme tout, cette femme-là!...

Puis, revenant à ce qui l'intéressait plus particulièrement :

— Est-ce que les Myre ne dînent pas?

— Qu'est-ce que ça te fait ?... — répondit Jacques agacé.

— Ça me fait beaucoup!... la petite femme est charmante... et j'ai idée que le jour où elle saura que son mari la trompe, elle lui rendra la monnaie de sa pièce...

— Tu ne comptes pas, je présume, la renseigner à ce sujet?...

— Pour qui me prends-tu!... Non!... Mais d'autres se chargeront de ce soin!... Tu connais Nancy?...

— Et tu penses que, au jour des révélations, madame Myre te choisira comme instrument de sa vengeance!...

— Je ne dis pas ça!... Mais enfin, je pose mes jalons!... Et, maintenant que je t'ai mis au courant de mes mauvaises intentions, veux-tu me dire si elle vient ce soir, madame Myre?

— Oui... la voilà!...

Suzanne entrait, suivie de son mari, un homme de quarante ans, très grand, lourd, assez vulgaire de physique et d'allure, auquel le petit Montreu alla serrer la main avec effusion.

Aussitôt qu'elle fut assise, elle appela Jacques d'un signe qu'il eut l'air de ne pas voir. Il devinait qu'elle avait hâte de le taquiner et ne se sentait pas d'humeur à la laisser faire.

La marquise le regardait, inquiète. Elle vint à lui :

— Occupe-toi de Yolande?... Tâche de l'égayer un peu, veux-tu?... Elle a tant besoin de ça!...

Docilement, Jacques attira un pouf auprès de

la duchesse de Réol, et, tout en surveillant de loin Suzanne, qui riait aux éclats en écoutant le petit Montreu, il se mit à causer.

Yolande de Garde, cousine éloignée des Guéray, venait d'épouser, contre la volonté de toute sa famille, le duc de Réol. Elle avait offert ses vingt ans et ses deux cent mille francs de rentes à ce joli garçon sans le sou, qu'elle s'était mise à adorer follement, on ne s'expliquait guère pourquoi. Hector de Réol, superbe, de la traditionnelle beauté de sa famille, mais déjà un peu épais à vingt-cinq ans, était sous-lieutenant de dragons. Rien en lui, ni son caractère, ni son esprit, ne semblait fait pour séduire une nature aussi fine que celle de mademoiselle de Garde.

Élégante, charmante sans être précisément belle, Yolande était « racée » de la tête aux pieds. Avec sa taille flexible, son teint blanc, ses beaux bandeaux blonds, et ses toilettes simples aux plis droits, elle faisait penser à une vierge sortie d'un vieux missel. Mariée depuis quatre mois seulement, la pauvre petite comprenait sa folie et regardait courageusement l'horrible existence qu'elle s'était faite. Très souffrante, au début d'une grossesse, trompée par son mari qui promenait dans Nancy des grues, sans même chercher à se cacher; séparée des siens par l'éloignement de la garnison, elle voyait sa vie gâchée et son avenir perdu. Tout le monde admirait et entourait d'une sorte de respect affectueux cette charmante femme toujours seule, qu'on appelait la « petite veuve », et que son attitude froide et digne interdisait de plaindre et de consoler.

Tandis que Jacques causait avec la duchesse, M. de Réol s'approcha :

— Guéray !... — demanda-t-il avec intérêt — quelle est donc cette jolie femme qui parle à Montreu ?...

— C'est madame Myre...

— Une amie de votre tante ?...

— Sa filleule...

— Ah !... Elle a un mari ?...

— Mais oui...

— Présentez-moi ?...

— A monsieur Myre ?...

— Non... à sa femme... pour commencer !... C'est la seule jolie femme qui soit ici ce soir !...

Voyant que madame de Réol souriait de son joli sourire tranquille, il ajouta lourdement :

— Il va sans dire, ma chère Yolande, qu'on excepte toujours la personne devant qui l'on parle ?...

— Je vais vous présenter à madame Myre !... — proposa Jacques, que le ton de Réol exaspérait.

Ils traversèrent le salon.

— Suzanne !... le duc de Réol, qui désire vous être présenté...

A l'approche des deux jeunes gens, le petit Montreu, assis à côté de madame Myre, s'était levé. Le duc prit, sans même s'excuser, sa place qu'il ne lui offrait pas, et se mit à accabler de compliments Suzanne.

— Dommage !... — fit Montreu en s'éloignant suivi de Jacques — que le grotesque d'hier ne soit pas là... ça ferait la paire avec Réol !... Ils sont aussi goujats l'un que l'autre !...

Et, comme Jacques ne disait rien, il reprit :

— Quel écœurant animal, ce Réol !... Ah ! si j'étais à la place de sa femme, ravissante comme elle l'est, et avec deux cent mille francs de rentes... il en verrait de grises !...

— Qu'est-ce que tu ferais ?...

— Ce que je ferais ?... Je ferais une noce à tout casser, parbleu !...

Jacques, qui apercevait en face de lui le petit visage pâle et déjà un peu fané de la duchesse, répondit :

— Pauvre petite !... Elle n'en a guère envie !...

— Tant pis !... tant pis !... Elle a tort !... Ah ! si les femmes savaient !... Tiens !... je n'ai pas été saluer madame Juvisy !... en voilà une qui ne se ferait pas de mauvais sang si Juvisy la trompait !...

Jacques se mit à rire en regardant M. Juvisy ; un homme long, fluet, blême, extrêmement comme il faut et trop bien élevé, qui conservait à cinquante ans l'aspect correct et un tantinet sournois du petit jeune homme « qui sort de chez les Pères. »

Madame Juvisy, une plantureuse femme, appétissante et aimable, était, au contraire, assez incorrecte, mais pleine de bonne humeur et d'entrain.

Les autres convives étaient le comte de Glose, colonel du régiment de Dragons; M. Louvain, un chasseur, ami de M. de Guéray; Hubert de Trênes et Paul Lemaire (deux camarades de Jacques) et M. Duplay, un vieux garçon de Nancy, mauvais comme la gale, mais infiniment spirituel et drôle.

Le dîner commença froidement.

La marquise, un peu plus pâle et un peu plus nerveuse qu'à l'ordinaire, n'avait pas son habituelle gaité.

— Regarde donc la façon... expressive dont le Colonel contemple ta tante... — fit observer le petit Montreu à Jacques placé à côté de lui — Quel œil, hein?... plonge-t-il assez?... Elle ne s'en doute d'ailleurs pas!... Elle est superbe, ce soir, ta tante!... Elle a l'air d'une rose-thé!... Les femmes de cet âge ont quelquefois des regains de jeunesse!... C'est épatant!... Tu ne trouves pas?...

— Oui... c'est bien possible!... — répondit Jacques, préoccupé de madame Myre, à laquelle Réol parlait presque à l'oreille.

— Certainement!... Ainsi, suppose un peu qu'au lieu d'être ta tante, elle ne soit pas ta tante?... Tu serais frappé de ce je ne sais quoi?... Car il n'y a pas à dire... elle a un montant de tous les diables!... Il y a, ma parole, des jours où j'ai envie de lui faire la cour!...

— Je te le permets!... — fit moqueusement Jacques.

— Parce que tu penses qu'elle m'enverrait promener?...

— Je le pense, en effet!...

— Moi aussi..., et puis elle m'intimide! A propos... tu ne sais pas?... Trênes a appris, par un officier qui l'a connue à Lyon, que la dugazon que nous aurons cet hiver est ravissante!...

— Tant mieux pour toi... pour vous, veux-je dire, car vous êtes généralement plusieurs qui...

— Moque-toi bien!... Si tu passais l'hiver ici... tu verrais!... Dis donc, madame Myre est distraite... elle ne gobe pas Réol autant que je l'aurais cru?...

— Ne parle donc pas si haut!... Myre est tout près!...

— Bah!... il n'a pas entendu!... Il s'embête, ce pauvre Myre!... Son idole n'est pas là!... Si c'est pas révoltant, quand on a une jolie femme comme la sienne, d'aller s'afficher avec une vieille guenon...

— Oh!... s'afficher n'est pas le mot!...

— Ma foi si !... Tout le monde est au courant à Nancy... Enfin, j'aime mieux que ce soit lui que moi !... Elle est horrible, madame Lemol !.. je ne connais rien d'aussi laid qu'elle... si ce n'est son frère !...

— Il n'est pas joli, joli !...

— Ah ça !... Comment se fait-il que nous ne l'ayons jamais vu, celui-là ?... On l'a donc élevé dans un souterrain ?... Tu ne m'écoutes pas !... Tu es préoccupé aussi ?... C'est singulier !... tout le monde a l'air d'avoir quelque chose, ce soir !... La duchesse a son regard de brebis qu'on saigne... Myre bâille... sa femme fait une tête... Toi tu penses à je ne sais quoi... Ta tante elle-même a l'air d'être sortie !... Je parie qu'elle ne sait pas ce que le colonel de Glose lui raconte dans ce moment-ci !... C'est un drôle de dîner !... Enfin !... espérons que la soirée sera plus animée !...

En sortant de table, Jacques s'approcha de madame Myre :

— Comment avez-vous trouvé votre voisin ?...

— Très ordinaire... il ne m'a parlé que de ses chevaux !...

— Il n'est pas pétillant d'esprit, mais il est si beau !...

— Beau ?... — s'écria Suzanne d'un air indigné — beau avec des épaules pareilles !... il a l'air d'un portefaix !...

Jacques jeta un coup d'œil sur la glace devant

laquelle il se trouvait, et constata avec tristesse que ses épaules étaient au moins aussi larges que celles du duc, et que les épaules de M. Myre, qu'il apercevait tournant le dos, occupé à boire son café, l'étaient bien davantage encore. Suzanne avait été folle de son mari. Donc, autrefois, elle aimait les gens solides qu'aujourd'hui elle méprisait si fort.

— Au lieu de nous occuper du duc de Réol...

— dit tout à coup madame Myre — occupons-nous un peu de vous? Vous êtes consolé, à ce que je vois?...

— A quoi voyez-vous ça?...

— Mais à votre mine souriante!... Tantôt vous m'aviez presque fait de la peine!...

— Ah bah!...

— Alors, c'est fini?...

— Qu'est-ce qui est fini?...

— Ce grand amour?...

— Oui... fini!...

— Ça n'a pas duré longtemps!...

— Mais si... assez comme ça!... Une dizaine d'années à l'état latent, et vingt-quatre heures à l'état aigu...

Suzanne renversa sa jolie tête contre le dossier du fauteuil, sur lequel les boucles cendrées s'éparpillèrent, et demanda en fermant à demi ses yeux froids :

— Racontez-moi donc comment ça vous a pris?... Ça m'amusera!...

— Non... je ne blague jamais les morts...

— Moi, je ne suis pas superstitieuse !... Et puis, ça doit être assez doux, la mort !...

— Ça dépend...

— De quoi ?...

— Des circonstances qui l'accompagnent...

— Voyons ?... Supposons qu'une femme que vous aimez... passionnément...

— Vous, par exemple ?...

— Moi, si vous voulez... ça m'est égal, puisque nous supposons !... Eh bien, cette femme vous dit : « — Je suis à vous, mais à une condition... c'est que nous mourrons ensuite ?... »

— Bigre !...

— Accepteriez-vous ?...

— Jamais de la vie !... Je suis trop franc pour vous tromper !... Je vous aime, je vous aimais, c'est-à-dire... aussi tendrement que je peux aimer... plus que je n'avais aimé encore... assez pour pleurer comme un idiot quand j'ai eu la certitude que vous ne seriez jamais à moi... Mais quant à vouloir que nous mourions tous les deux parce que nous aurions... Ah ! non !...

Madame Myre le regarda :

— J'en étais sûre !...

— Oh !... Je vous parais un être parfaitement méprisable, je le vois !... Mais que voulez-vous, je ne sais pas mentir !... Et, tenez, à présent que j'ai achevé de me couler à vos yeux, voulez-vous me permettre de vous adresser à mon tour une question, et me promettre de répondre franchement aussi à la dite question?...

— Oui...

— Eh bien, avouez qu'elle n'est pas de vous, l'idée de mourir après que... que... Enfin, nous nous comprenons?...

— Mais si... — balbutia madame Myre devenue très rouge.

Il se mit à rire.

— Vraiment!... Vous m'étonnez!... Je ne vous savais ni si romantique, ni si compliquée!... Je me sauve, car je ne pourrais plus vous suivre!... Tenez, voici précisément Montreu, auquel je vais rendre la place qu'on lui a prise avant le dîner...

Le petit Montreu, ravi, s'assit à côté de madame Myre, qui paraissait un peu dépitée, et répondait par monosyllabes et d'un air ennuyé aux compliments de toutes sortes qu'il se mit à lui débiter.

Quand, vers onze heures, il y eut assez de monde pour qu'on pût danser, la marquise appela son neveu.

— Veux-tu dire au pianiste de jouer une valse pour commencer?...

— Oui, Tante Charlotte, pourvu, toutefois, que je ne sois pas obligé de la danser?...

— Pourquoi ça?... Il faut te secouer, au contraire!...

— Je le suis pourtant assez comme ça, secoué !...

Madame de Guéray le regarda.

— Voyons, ça n'est pas... ça ne peut pas être sérieux, cette histoire?... Un joyeux garçon comme toi ne prend pas au tragique une bêtise?... Ah! je me suis joliment trompée sur ton compte, va!... Je croyais que tu n'avais pas...

— De cœur?... Si fait, Tante Charlotte... j'en ai un... et il est même très gros!... Je regrette d'ailleurs beaucoup de vous avoir ouvert ce cœur... je vous ai inquiétée...

— Mais non!...

— Mais si!... Je vous connais bien!... et je vois que ce soir vous n'êtes pas du tout, oh! mais pas du tout vous-même...

— Moi?... — dit vivement madame de Guéray — je suis absolument comme à l'ordinaire...

— Allons donc!... Vous êtes fiévreuse, et vous avez vos yeux qui regardent loin, loin d'ici!... Je ne vous avais vue comme ça qu'une fois, avant ce soir... C'est il y a un an... la veille du jour où je me suis battu avec cette brute de Mareuil... Vous savez bien... à propos de l'Action Française...

— Oui... je sais... je me rappelle en effet...

— Quelle soirée!... — reprit Jacques en riant — Moi j'étais convaincu que vous ne saviez rien!... J'étais là à vous chanter, à mon oncle et à vous, des chansons de Montmartre... Je me disais : « Si la guigne voulait qu'ils ne me revoient plus...

au moins, ils se souviendraient de moi comme
d'un être pas trop embêtant!... » Et pendant que
je chantais comme un nigaud... ne sachant pas
que madame de Mareuil vous avait tout dit... vous
alliez et veniez à travers le salon, toute blanche...
et avec des yeux... tenez, les yeux de maintenant!...

— Eh! parbleu!... — fit la marquise avec un
peu d'embarras— tu es là à me rappeler des histoires de l'autre monde!...

— Parce que je vois que, comme ce soir-là,
vous êtes très inquiète?...

— Pas de toi, toujours!... — protesta brusquement madame de Guéray.

— Je le pense bien!... Mais de Suzanne que
vous aimez autant que moi, et à qui, comme marraine, vous devez votre protection... Eh bien, je
vous jure, vous m'entendez bien, je vous jure que
vous pouvez être tranquille!...

— Tu me diras tout ça plus tard!... Je suis
là à t'écouter au lieu de m'occuper de mon
monde... Allons!... va asseoir le musicien... Pour
ce soir, c'est tout ce que je te demande!...

Quand les premières mesures de la valse reten-
tirent, Hector de Réol s'élança vivement vers madame Myre, et la marquise vit qu'elle refusait de
danser. Alors elle alla s'asseoir à côté de la jeune
femme qui s'éventait distraitement, les lèvres
pincées, le regard perdu.

— Tu t'ennuies, Suzon?...

— Non, Marraine!...

— Si!... Tu boudes, parce que tu n'as pas ce soir le cavalier que tu souhaitais?... Il y en a pourtant de gentils... il y a même de bons danseurs...

Suzanne répondit de sa voix un peu sèche :

— Il y a même de charmants causeurs!... J'ai eu le plaisir d'apprendre, à dîner, qu'à Nancy il faut absolument, à cause du pavé, ferrer les chevaux au système... Charlier, je crois... sans ça leurs pieds s'abîment...

— Hector est un imbécile, et, qui plus est, un méchant garçon... Mais il n'y a pas ici que lui...

— Bah!... les autres ou lui, tous les mêmes!... — s'écria la jeune femme avec une sorte d'emportement — tous aussi nuls, aussi vides, aussi uniformément ennuyeux!... Ils me parleront du concours hippique, du rallye-paper de dimanche, de leurs chiens, de leurs chevaux et de leurs bottes!... Et, je suis au regret de l'avouer, mais ce genre de conversation ne me passionne pas!...

— Moi non plus!... Seulement, c'est la première fois que je t'entends tonner ainsi...

Et la marquise ajouta en se levant :

— Prends garde, Suzon!... Il faut se méfier de ces crises de dégout!

Madame de Guéray traversa le salon, se faufilant au milieu des danseurs. Il faisait une chaleur suffocante. Elle ouvrit la porte qui donne sur la terrasse et sortit un instant pour respirer. La nuit était chaude et orageuse. La lune, de temps en temps, perçant péniblement les lourds nuages chargés d'eau, se reflétait un instant dans l'étang de Clairlieu et disparaissait ensuite sous un voile d'encre.

La marquise descendit l'escalier de la terrasse et marcha dans la grande allée de hêtres, jusqu'à un banc où elle s'assit. De là, elle voyait la façade tout illuminée du château, et la musique lui arrivait assourdie et infiniment douce. Les danseurs glissaient devant les fenêtres éclairées. Et elle restait immobile, regardant sans voir, brisée, ayant de la peine à penser, et se demandant pourquoi elle était venue là.

La vue d'une haute silhouette qui apparut nettement sur le fond éclairé, secoua sa torpeur. Et elle pensa :

— Pauvre garçon !... Il l'aime vraiment et il sera vraiment malheureux !...

Et brusquement :

— Bah !... On n'en meurt pas !... Non... mais on souffre !...

Elle le savait bien qu'on souffrait ! Et elle cherchait à analyser sa souffrance, pour la vaincre si faire se pouvait. Mais elle n'était pas une femme d'analyse, la pauvre Tante Charlotte. Oh ! non !...

Elle sentait violemment, avec une intensité extraordinaire, mais elle était incapable de disséquer
les sensations qu'elle éprouvait, et de définir
d'une façon précise le pourquoi de ces sensations.

Depuis le matin, elle fouillait dans son cœur,
se torturant elle-même. Et, maintenant, elle
voyait se dérouler devant elle toute sa vie avec
une étonnante précision.

D'abord son mariage. Mariage d'amour et de
convenances à la fois, où, confiante et absolument naïve, elle comptait trouver tout ce qu'elle
apportait elle-même. Ses déceptions, ses rages,
quand elle avait vu que le monde, en général, et
le marquis de Guéray en particulier, ne compre-
naient pas le mariage de la même façon qu'elle.
Puis la mort de ses deux enfants, emportés en
quelques jours, les désespoirs, les révoltes, les
doutes, après lesquels elle s'était reprise toute, ne
voulant plus ni enfants ni amour.

Et, au milieu de ces terribles chagrins, de ces
épreuves mal supportées — sa nature la rendant
incapable de résignation — la marquise voyait se
dresser, lumineuse et souriante, la petite figure
d'enfant qui l'avait peu à peu rattachée à l'existence. Elle se souvenait qu'en entrant, au retour
de son voyage de noces, dans le vieil hôtel que
M. de Guéray habitait avec son frère et sa belle-
sœur, elle avait rencontré dans l'escalier ce tout
petit garçon, auquel elle eût donné six ans

au lieu de dix. Il s'était planté devant elle, les mains derrière le dos, et, la dévisageant paisiblement, sans effronterie, il avait dit à son oncle :

— Ah !... elle est très jolie, la Tante que tu ramènes !...

Et, immédiatement, il avait pris possession de cette Tante qui lui plaisait. Il la suivait partout, il ne voulait plus la quitter.

Entre un père toujours malade et une mère incroyablement mondaine, l'enfant jusque-là grandissait sans soins, abandonné aux domestiques en attendant le collège.

Quelquefois, en regardant avec admiration cette tante si jeune, Jacques lui disait :

— Tu es très jolie, Tante Charlotte !...

Et comme elle répondait :

— Non... je ne suis pas jolie !... C'est ta maman qui est jolie, elle !... à la bonne heure !...

Il reprenait, sérieux et convaincu :

— Peut-être bien qu'elle est plus jolie que toi... mais toi, tu es plus fraîche !...

— Fraîche !... Ça faisait rire la marquise. Dans ce temps-là, elle considérait la fraîcheur comme une chose tout à fait négligeable. Ah ! comme, depuis, elle avait changé d'avis !... Aujourd'hui, elle eût tout donné pour faire revenir cette fraîcheur disparue. Elle comprenait que rien ne vaut la jeunesse, et elle regardait en arrière avec regret.

Plus tard, Jacques avait perdu ses parents, et il avait alors appartenu plus complètement à sa tante. Il était, à quinze ans, un gamin grêle, petit et mal tourné, qui promettait d'être singulièrement laid. Cette laideur, ce genre de laideur surtout, désespérait madame de Guéray. Elle éprouvait, malgré elle, pour ce qu'elle appelait « les malingreux » une profonde répulsion. Elle voyait, à côté de Jacques, grandir et embellir Suzanne qui, de deux ans plus jeune que lui, le dépassait de la tête, et elle redoutait pour cet enfant qu'elle adorait tous les déboires, tous les froissements d'amour-propre et de cœur qu'attire un physique ingrat. Quand, à dix-neuf ans, ayant terminé son droit, il devança l'appel pour faire à Tours son service militaire, c'était un petit jeune homme aux traits indécis, à la démarche hésitante. Sa tante l'embrassa tendrement, et, prête à pleurer, le regardant avec découragement, elle ne put s'empêcher de lui dire :

— Ah !... mon pauvre bonhomme !... Tu n'es pas tourné de façon à mener une agréable vie !...

Au bout de six mois, Jacque eut une fièvre muqueuse et la Tante Charlotte partit aussitôt pour le soigner. Elle ne reconnut pas son neveu dans le long garçon pâle, aux traits accentués et presque réguliers, qu'on lui montra. Une transformation inouïe s'était accomplie. Et, quand le convalescent sauta sur la marquise, lui entourant

le cou de ses grands bras nerveux et forts, et
couvrant ses joues de baisers sonores, elle comprit, pour la première fois, qu'elle ne pouvait
vraiment pas être la mère de cet immense garçon
qui, malgré ses protestations, continuait à la
manger de caresses. Jacques revint du régiment,
exceptionnellement solide et vigoureux. Au
rebours, Suzanne, mariée depuis six mois, était
affinée et pâlie. La jeune fille, ronde et fraîche
comme une pomme, devenait une femme gracile
et un peu trop nerveuse. Madame de Guéray ne
pouvait se lasser de regarder son neveu, tout heureuse de le trouver, non pas beau, dans la véritable acception du mot (car elle détestait les
« beaux hommes »), mais superbe de force et de
santé.

Jacques commença par mener une vie « mou-
vementée » comme il disait, et mangea en deux
ans la moitié de sa fortune. Aimant les arts, les
femmes et les chevaux, aimant, en somme, tout
ce qui est beau, rare et cher, il dépensa sans
compter et ne s'arrêta pas parce qu'il se ruinait,
mais tout simplement parce qu'il en avait assez,
et que la vie qu'il menait lui paraissait à la longue
inutile et vide. Il vint donc un beau jour annoncer
à son oncle et à sa tante « qu'en ayant de la fête
jusque-là », il partait pour un temps indéterminé.
Il voulait faire le tour du monde, et « se poser » en
route aux endroits qui lui plairaient.

La marquise le félicita de sa résolution. Sa nature indépendante et sauvage avait horreur de ce que les journaux appellent « nos élégants mondains », et elle trouvait que Jacques méritait mieux que cette stupide existence. Mais quand il fut parti, quand elle n'entendit plus résonner dans les grands salons du vieil hôtel ou des Hêtres, la voix chaude et joyeuse de ce grand enfant qu'elle n'avait guère quitté depuis quinze ans, elle éprouva une lassitude extrême. Pendant plusieurs mois elle ne put, malgré toute son énergie, secouer cette langueur qui l'étonnait. Elle avait alors trente-trois ans et était dans tout son éclat. Adulée et courtisée — comme le sont toutes les jolies femmes dont les maris aiment notoirement hors de chez eux — Madame de Guéray repoussait les hommages avec une bonne grâce tranquille et indulgente, qui lui gardait presque toujours pour amis ceux qui avaient aspiré à devenir quelque chose de plus. Mais elle s'inquiétait de se voir si profondément indifférente. Elle souhaitait vaguement, sans se l'avouer, entendre enfin un accent qui la pût émouvoir, et elle n'osait pas se demander pourquoi elle souhaitait cela?... Pendant ce temps, toujours, sa pensée suivait l'absent, et ses seules heures de joie étaient celles où des lettres, couvertes de timbres bizarres, lui apportaient des nouvelles de « là-bas ».

Après un voyage de trois ans, Jacques était un soir tombé aux Hêtres sans crier gare, et si changé par ces années passées dans des climats malsains pour la plupart, si hâlé d'un hâle qui ne devait plus s'effacer, qu'il paraissait avoir dix ans de plus que son âge. Et M. de Guéray, le poussant dans les bras de sa femme qui, plus blanche que sa robe, restait saisie, les membres brisés et les lèvres tremblantes, s'était écrié :

— Sapristi, mon garçon !... Quel métier as-tu fait là-bas ?... Tu as l'air à présent d'être l'oncle de ta Tante !...

Sans qu'elle voulût s'expliquer pourquoi, cette exclamation avait délicieusement remué la marquise. Elle s'était sentie rougir tandis que Jacques l'embrassait de tout son cœur, et la serrait dans ses bras à la faire crier. Et elle avait constaté, avec un plaisir qu'elle se reprochait, qu'en effet il semblait beaucoup plus âgé qu'elle.

Depuis ce jour, Jacques avait vécu presque complètement avec M. et madame de Guéray. Discret et sûr, comme tous les gens bien nés, jamais, malgré sa très grande camaraderie avec sa Tante, il ne s'était permis devant elle aucune allusion à une aventure galante. Souvent elle avait appris par les potins mondains qu'il était occupé ici ou là, mais, lui, ne disait jamais rien. Pour qu'il fût ainsi venu lui crier en pleurant qu'il aimait Suzanne, il fallait qu'il l'aimât vraiment. Il ne s'agissait plus ici d'une amourette de jeune homme. Jacques avait trente-deux ans !... Et, lisant dans son propre cœur avec épouvante, madame de Guéray voyait qu'elle avait menti lorsqu'elle répondait à son neveu :

— Suzanne ne t'aime pas ?... tant mieux !...

Non !... Elle souffrait avant tout de voir qu'il allait souffrir !... Elle eût, sans hésiter, donné sa vie pour lui épargner une douleur... Et elle ne pouvait rien, rien, pas même le consoler comme on console un enfant aimé, car elle l'avait bien senti tantôt, au terrible frisson qui la secouait quand il pleurait sur son cœur, ce n'était pas ainsi qu'elle l'aimait !... Elle ne pouvait plus se mentir à elle-même, mais il fallait mentir aux autres toujours, mentir à lui surtout !

Tandis qu'elle se disait toutes ces choses, la marquise vit s'approcher de la silhouette de Jacques une autre silhouette où elle reconnut son mari. Puis elle vit le jeune homme sortir et disparaître dans l'ombre de la terrasse en criant à son oncle qui rentrait :

— Elle doit être par là !... Je vais la chercher !...

La marquise comprit qu'il venait vers elle, et, en effet, il s'arrêta à l'entrée de l'allée, et appela :

— Tante Charlotte !...

Alors, une crainte irraisonnée la prit de se trouver ainsi seule avec Jacques. Elle eut peur de lui, peur de la nuit, peur d'elle-même surtout, et elle s'enfuit en courant dans la longue avenue jusqu'à ce que, le souffle lui manquant, elle s'arrêta, en disant :

— Il ne me cherchera pas si loin !...

Et, là encore, elle resta longtemps perdue dans sa rêverie, jusqu'au moment où elle entendit, sur la route de Clairlieu, une voiture qui descendait vers Nancy. Alors elle pensa :

— J'ai oublié mes invités, moi !... Et ils commencent à partir !...

IV

— Qu'est-ce que c'est donc que ce bouquin que
tu ne quittes pas depuis hier?... — dit M. Myre en
allumant sa pipe — nous sortons à peine de
table, et déjà tu te précipites dessus?...

Suzanne, qui venait d'ouvrir un livre à couver-
ture jaune, répondit en s'allongeant sur une chaise
longue :

— C'est « *les Trois Cœurs* », d'Édouard Rod...

Le banquier enfla ses joues, et, poussant devant
lui une énorme bouffée de fumée, demanda :

— C'est amusant?...

— Amusant n'est pas le mot... — répartit sincèrement la jeune femme, qui ne comprenait pas
grand'chose à ce livre trop compliqué pour elle.

Il regarda autour de lui.

— Pourquoi les petites ne sont-elles pas là?...

— Elles faisaient un tel vacarme que je les ai
envoyées en haut... elles me cassaient la tête!...

— Moi, ça me manque, leur vacarme! Je suis si habitué à les voir jouer là après le déjeuner...

Il se leva.

— Tu sors?... — demanda Suzanne.

— Oui... je vais au bureau...

— Tu y vas joliment souvent depuis quelque temps!

— Dame!... j'ai des rendez-vous d'affaires...

— Elles ont bon dos, les affaires!...

— Comment?... — fit M. Myre inquiet — tu ne crois pas que j'ai des rendez-vous?...

— Si fait!... mais pas d'affaires!... Ah!... je sais bien des choses, va!...

— Et... — demanda-t-il, visiblement troublé — peut-on connaître ces « choses »?...

— Certainement!... Tu as une maîtresse!...

— Moi?...

— Oh!... Ne prends pas cet air étonné!... Je le sais... on me l'a dit..

Le banquier répondit, jouant de son mieux l'indignation :

— C'est un mensonge infâme!...

Puis, il ajouta après un instant d'hésitation :

— Je serais curieux de la connaître, cette maîtresse?... Qui est-ce?...

— Quelque fille sans doute?... On ne me l'a pas nommée!...

— Ah!... c'est heureux!... — fit-il, rassuré de voir que sa femme ne soupçonnait pas la vérité.

Après un silence, il reprit :

— Je voudrais savoir le nom de celui qui s'est permis de...

Suzanne l'interrompit vivement :

— Ce n'est pas un homme !...

— Je m'en doute !... un homme, si bas qu'il soit, ne fait pas de ces saletés-là !...

Comme il se disposait à sortir, elle posa son livre sur ses genoux et dit rageusement :

— Va la retrouver !... Va !... Ne te gêne pas !...

M. Myre, qui ouvrait la porte, s'arrêta :

— Je te répète, ma chère enfant, qu'on t'a conté des histoires à dormir debout, et desquelles d'ailleurs tu ne crois pas un mot !... Dans ce moment, tu te montes à froid, sans savoir pourquoi, parce que tu as mal aux nerfs probablement... ou parce que tu ne sais à quoi passer le temps jusqu'à l'heure où il te viendra des visites... Moi, je m'en vais, j'en ai assez ?...

— Va !... ne la fais pas attendre !...

Énervé, il revint sur ses pas, et s'arrêtant devant sa femme :

— En vérité, Suzanne... — dit-il en élevant un peu la voix — on croirait que tu veux me pousser à bout ?... Encore une fois, ce qu'on t'a dit est faux... oui, faux !... Mais si c'était vrai, il me semble que tu aurais, moins que qui que ce soit, le droit de me reprocher ma conduite ?...

Et comme elle l'écoutait en souriant, agressive
et moqueuse, il s'écria :

— Crois-tu, en conscience, qu'il y ait beaucoup
de ménages comme le mien ?... où le rôle du mari
doit se borner à regarder et à admirer sa femme...
de loin ?...

Elle répondit :

— Mon Dieu, oui !... je crois qu'il y a beaucoup
de maris dans ton cas !...

— Alors ils font ce que tu m'accuses de faire ?...

— Mais non !... il y a des hommes qui ne sont
pas des brutes !...

— Des brutes !... — s'écria M. Myre suffoqué
— des brutes !... Ah !... elle est sévère, celle-là !...
Alors, tu penses qu'on peut indéfiniment envoyer
promener un homme de mon âge... car enfin, tu
ne fais que ça... depuis quelque temps surtout !...
Tu es souffrante... ou bien une de tes amies est
morte... ou encore il fait un temps gris qui t'attriste !... Non !... c'est à n'y pas croire !...

Elle répondit en riant :

— C'est pourtant comme ça !...

— Sois tranquille !... Je ne te mettrai plus en
demeure de chercher des prétextes !... Mais tu ne
t'imagines pas que je vais, à quarante ans, vivre
comme un moine ?... ah non !... non !... non !...
sacrebleu !...

Il sortit bruyamment du salon. Suzanne se
leva et fit un mouvement pour courir à lui et le

ramener. Son visage exprima un instant l'hésitation et l'angoisse, mais, en réfléchissant, elle se
rassit et pensa :

— Bah ! un peu plus tôt ou un peu plus tard,
il fallait toujours en venir là !...

Et, se réinstallant sur sa chaise longue, reprenant le volume à la page 39, où elle en était toujours depuis la veille, elle se dit :

— Monsieur Ganuge a raison !... Je suis dans
un singulier état d'âme !...

Au fond, tout au fond, elle trouvait que ce
qu'elle venait de faire était mal. Mais quoi?... Ce
n'était pas sa faute, après tout, si elle n'aimait
pas ou si elle n'aimait plus son mari. Un homme
excellent, certainement, ce pauvre Paul !... mais
un peu grossier, un peu banal... toujours occupé
de ses chiffres, et pas du tout sentimental. Avec
lui, c'était l'amour sans phrases, ou rien ; et
Suzanne aspirait au contraire aux phrases, sans le
reste. Les baisers de Jacques de Guéray l'avaient
laissée absolument froide et maîtresse d'elle-même,
tandis qu'elle sortait de ses conversations sentimentales avec Ganuge, oppressée, nerveuse, toute
fouettée de vagues désirs.

Et puis, par-dessus tout, elle redoutait un nou-
vel enfant.

Après la naissance de sa dernière fille, deux de
ses dents s'étaient abîmées, et elle craignait de
perdre une autre fois sa taille ou ses cheveux.

Elle tenait passionnément à sa beauté, parce qu'elle n'admettait pas qu'une femme pût plaire sans être jolie, et qu'elle voulait plaire avant tout.

Très sûre de son charme, elle se savait aimée et admirée de son mari, et il ne lui était jamais venu à l'esprit qu'il pût chercher ailleurs les satisfactions refusées chez lui. Lorsque, quelques jours auparavant, Ganuge lui avait raconté et affirmé sur l'honneur que M. Myre avait une maîtresse, elle était restée atterrée de cette révélation, se refusant d'abord à y croire. Sa première pensée avait été d'interroger son mari, mais, depuis quelque temps déjà, elle subissait la direction — pour ne pas dire la domination — du jeune homme, et il lui conseilla vivement de n'en rien faire! Il se récria et parut navré de la maladresse qu'il avait commise. Il était convaincu — disait-il — qu'elle était au courant de tout! Il ne se pardonnerait jamais son étourderie! Mais quel mari n'en faisait pas autant?... Est-ce qu'une femme fine et délicate comme elle devait s'occuper de ces sortes de choses?... Il lui semblait, à lui, que Suzanne n'avait rien à regretter, que certaines natures d'élite ne sont pas faites pour devenir la proie des êtres grossiers, etc... etc...

Et Suzanne, très disposée — et assez justement d'ailleurs — à placer sa petite personnalité banale, mais élégante et affinée, fort au-dessus de la grosse et lourde personnalité du banquier, avait pensé que le jeune homme disait vrai et avait docilement suivi ses conseils. Toutefois, le froissement d'amour-propre, en se voyant ce qu'elle appelait un peu mélodramatiquement « trahie », avait été excessif, et Ganuge qui se trouvait là devait fatalement profiter des circonstances.

Dès son arrivée à Nancy, il rencontrait continuellement la jeune femme, et s'était mis à jouer d'elle très habilement. D'abord, il dîna avec elle chez les Duclos et ne lui accorda pas la moindre attention. Puis, en la revoyant, il la regarda distraitement: puis enfin avec intérêt, jusqu'à l'instant où il parut complètement subjugué, et affolé de se voir subjugué ainsi. Il voulait, disait-il, fuir bien loin, mais la force lui manquait!... Ah!... il était perdu!... bien perdu!

Pour être vraie — et elle l'était le plus souvent quand elle causait avec elle-même — Suzanne s'avouait que lors de sa première entrevue avec M. Gaston Ganuge, elle l'avait trouvé parfaitement grotesque. Sa conversation lui paraissait incompréhensible et ennuyeuse, et ses « toilettes » prodigieusement cocasses. Mais quand elle vit le profond mépris (non pas joué, cette fois, mais bien sincère) que le monde entier, elle-même comprise, inspirait à « ce monsieur si instruit » — c'est ainsi qu'elle désignait Ganuge — elle regarda ce monsieur avec un véritable respect, et ce respect devint de l'admiration quand elle s'aperçut que cet être, si supérieur aux autres êtres, la considérait avec bienveillance. Elle grandit à ses propres yeux et voua dès lors au jeune homme une reconnaissance humblement passionnée. Elle se dit que ce grand esprit, si triste, si malheureux, rassasié de tout, écœuré des choses humaines, lui faisait, en daignant l'aimer, un très grand honneur. Car il l'aimait ! Elle n'en pouvait douter à cette heure ! Il l'aimait, non pas de cet amour sensuel et grossier qui aujourd'hui lui faisait horreur, mais d'un amour pur, élevé, mystique, où il ne s'agissait que de la communion des âmes.

La pendule sonna trois heures. Suzanne, posant son livre, se mit à marcher dans le salon. C'était l'heure où Ganuge devait venir. Elle s'approcha de la glace et trouva que sa robe lui allait bien. Une robe de crêpe mauve à entre-deux de dentelle, un peu trop parée, un peu trop « du soir ».

Satisfaite d'elle-même, elle s'occupa de l'appartement, changea de place des coussins et arrangea les fleurs. Puis, elle ouvrit la fenêtre pour baisser le store extérieur et regarder si Ganuge ne paraissait pas dans le chemin de Nabécor. Elle resta quelque temps assise sur le rebord de la fenêtre, la joue appuyée contre la barre d'appui. Quand, enfin, elle aperçut le chapeau marron du jeune homme qui se montrait au-dessus de la haie, elle quitta sa pose abandonnée, se plaça au milieu de la fenêtre tout entourée de clématite et de chèvrefeuille, et attendit, immobile, se sachant jolie dans son cadre de fleurs, et voulant être vue ainsi par Ganuge, quand il entrerait dans le jardin.

Lui, de très loin, avait aperçu madame Myre, et l'air indifférent de son visage s'était transformé immédiatement en air navré. Il marchait, la tête haute, le menton levé, mais la prunelle fixe et la lèvre crispée dans un douloureux rictus, absorbé et comme terrassé par ses pensées. La naïve Suzanne ne soupçonna pas ce manège, bien qu'elle se fût livrée à un manège analogue. Elle pensa, avec une profonde pitié :

— Comme il souffre !...

Et, au moment où le jeune homme, après avoir ouvert la grille, s'avançait lentement dans l'allée du jardin, elle cueillit une des grosses étoiles bleues de la clématite, et la lui lança, en disant d'une voix douce comme une caresse :

— Bonjour !...

Il tressaillit, parut s'arracher à quelque pénible vision, et répondit d'un ton pathétique, qui contrastait ridiculement avec la simplicité des paroles prononcées :

— Bonjour, madame !... Vous allez bien depuis hier ?...

Il ramassa la clématite tombée à ses pieds, la

respira, la baisa et la fit disparaître dans la poche de son veston. Puis, à pas lents toujours, entra dans la maison.

Le domestique qui vint lui ouvrir l'introduisit dans le salon. Suzanne, debout, adossée à la fenêtre, l'attendait. Elle lui tendit sa main, qu'il serra mollement, et l'invita à s'asseoir.

Tout de suite, il commença à parler de lui.

— Que n'ai-je le courage de m'enfuir au lieu de venir ici !... Je ne pense qu'à vous et mes travaux se ressentent de cette continuelle préoccupation !... Mes amis eux-mêmes comprennent, à l'agitation de mes lettres, que je suis sous le coup d'une violente passion... ils devinent un danger et me conjurent de revenir à Paris...

— Et... — demanda Suzanne inquiète, à la pensée de le voir partir — qu'est-ce que vous allez faire ?

Il vit l'inquiétude de la jeune femme et répondit tristement :

— Ce que je vais faire ?... Mais je vais leur obéir !... Là-bas, je souffrirai, certes, mais...

— De quoi... — questionna-t-elle — souffrez-vous donc ici ?...

— De quoi je souffre ?... — s'écria-t-il avec découragement — de mille choses indéfinissables !... de tout et de rien !... Je souffre de ce temps gris et humide qui nous enveloppe de son triste voile !... Je souffre de voir que mon

intelligence dévore le charbon de ma volonté...
Je souffre de ne plus pouvoir penser sans dégoût
au monde réel !...

Il se mit à parcourir à grands pas le salon.
Suzanne demanda naïvement :

— Et... à Paris... vous ne souffrirez plus de
tout ça ?...

Il éclata d'un rire forcé.

— Si, Madame... Je souffrirai de tout cela
comme ici, mais, du moins, je ne souffrirai pas
d'autre chose... Je ne serai pas torturé par
vous !...

— Par moi ?... — murmura-t-elle 'stupéfaite.

Et de fait, elle ne comprenait pas de quoi il
pouvait se plaindre. Elle ne lui refusait rien,
puisqu'il ne lui avait rien demandé ? Cependant
cette douleur à laquelle, sans y rien comprendre,
elle croyait aveuglément, la chagrinait.

Elle répéta :

— Par moi ?... Vous souffrez par moi ?...

— Eh ! ne le voyez-vous pas ?... Je vous ai dit
que je ne croyais plus à rien, que j'étais profondément las de mes expériences d'amour, et que je
n'en voulais plus tenter d'autres... jusqu'au jour
où je vous ai rencontrée...

— Eh bien ?...

— Eh bien, qui me dit que vous comprenez
la grandeur de cet amour que je vous offre ?...

Qui me prouve que votre pensée, sinon vous-
même, m'appartiendra jamais ?... Alors que moi
je songe à vous, le cœur tout rempli de passion,
vous vous laissez faire, par les stupides godelu-
reaux qui tournent autour de vous, une cour
insolente ?...

— Mais non... — protesta Suzanne après un
peu d'hésitation — ceux dont vous parlez ne me
font pas la cour !... ce sont simplement des danseurs, comme monsieur de Montreu, ou des amis
d'enfance comme Jacques...

Il demanda amèrement :

— C'est Guéray que vous appelez « Jacques » ?...

— Oui...

— Ah !... et il vous appelle Suzanne, probablement ?...

— Mais oui...

— C'est touchant !...

— Mon Dieu, c'est assez naturel !... J'avais dix
ans quand j'ai connu Jacques qui en avait
douze...

— Et vous voulez me faire croire que Guéray
ne s'occupe pas de vous ?... Allons donc !... un
garçon qui ne pense qu'à l'amour... et qui s'y
connaît !...

Madame Myre rougit. Elle se rappelait la scène
des Hêtres. Le jeune homme s'en aperçut et ses
soupçons s'aggravèrent. Il redoutait Jacques

comme concurrent surtout, mais aussi comme ami de madame Myre. Il continua :

— J'aime beaucoup Guéray !... C'est un homme charmant, mais très superficiel, très frivole !... Et puis trop bien portant, trop peu nerveux pour éprouver des sensations très fines et d'un ordre supérieur... Je le rencontre à Paris dans des milieux douteux dont il est le plus bel ornement...

— Je sais !... je sais !...

— Ah !... — fit Ganuge contrarié — il vous a dit...

— Qu'il se trouvait quelquefois avec vous dans un petit cénacle...

— Oui... là aussi !... — interrompit vivement le jeune homme.

— Et, comme il craignait que Jacques n'eût blagué ferme le cénacle en question, il ajouta, voulant parer à tout hasard :

— Je le soupçonne, d'ailleurs, de goûter assez peu, au fond, notre littérature !... Et puis, il n'aime pas notre petit clan d'élite, Guéray, et savez-vous pourquoi ?...

— Non !...

— Eh bien, entre nous soit dit, je crois qu'il trouve qu'on ne le gobe pas assez ?...

L'accusation était tellement invraisemblable pour qui, comme madame Myre, connaissait l'extrême simplicité de Jacques, qu'elle se récria malgré elle :

— Jacques !... Vouloir qu'on le gobe ?... Oh•
non !...

Ganuge prit un air pincé et mystérieux et
répondit :

— Permettez-moi de croire que je connais monsieur de Guéray aussi bien que vous pouvez le
connaître vous-même... si intimement liés que
vous soyez d'ailleurs ?...

Il appuya sur « intimement » d'une façon qui
déplut à la jeune femme. Elle reprit :

— Je suis intimement liée en effet avec Jacques...
c'est le meilleur de mes amis...

Il leva les yeux au ciel.

— Le meilleur de vos amis !... Voilà une
appellation que l'on prodigue !... Mais savez-vous
bien ce que renferme ce nom « d'ami », ce nom
si doux, si adorable, qui dit tant de choses
exquises et rares !... Tenez, je vais vous faire lire
une lettre de mon ami Louis Thomas... mon
meilleur ami aussi, à moi !... Peut-être compren-
drez-vous alors le charme qu'on trouve à mériter
l'amitié de ces êtres supérieurement intelli-
gents ?...

Il fouilla dans la poche béante de son veston,
et, par l'entre-bâillement, madame Myre aperçut,
roulant pêle-mêle dans un nuage de poussière, des
cigarettes, des allumettes, un journal, et, déjà
toute flétrie, la clématite bleue qu'elle avait jetée
tout à l'heure au jeune homme. Il ramena plu-

sieurs papiers jaunis, déchirés aux plis, et les par-
courut rapidement, puis, tendant à Suzanne une
lettre froissée et maculée, il lui dit :

— Voulez-vous que nous la lisions ensemble?...

Sans attendre sa réponse, il vint s'asseoir près
d'elle sur la chaise-longue, et, familièrement, lui
entoura de son bras les épaules.

D'instinct, elle recula, mais si discrètement, si
imperceptiblement même, qu'il ne s'en aperçut
pas et commença :

« Mon cher Grand,

« Merci de ta douce lettre. Merci de nous mettre
au courant de ton état d'âme. Mais tu nous
inquiètes, tu nous affoles! Des amis comme toi
on est jaloux, on les veut à soi seul. Oh! reviens,
oublie!... Fuis cette passion sans espoir qui
absorbe ton Moi, qui le dévorera si tu n'y prends
garde!... »

Il vit que la jeune femme faisait un mouvement,
et se hâta de la rassurer :

— Oh! tranquillisez-vous!... Je n'ai confessé
que la passion qui m'épouvante... mais on ignore
le nom de celle qui l'inspire!...

Madame Myre, tandis que Ganuge parlait,
regardait machinalement sa main. Une main molle
et lisse, aux ongles opaques, longs et mal tenus,

qui s'étalaient, se détachant sur la lettre. Il continua :

« Toi qui peux devenir si Grand, mon cher
Cœur Bien-Aimé, ne t'attarde pas en chemin !
Fais-nous de la belle littérature. Achève-nous
« *La Raréfaction Vibratile du Moi* », et, pour cela,
mon Adoré, reviens vite parmi ceux qui t'aiment
et t'admirent plus que tout !

« Nous t'embrassons, nous te serrons sur nos
Cœurs de toutes nos forces ! Ici, sur les points, je
mets un baiser. . . . .
Tu voudras bien le reprendre et en renvoyer
d'autres de la même façon... à moins, Cher
Grand Amour, que tu ne viennes les apporter
toi-même?...

« Ton Tien,

« Loïs. »

« Reviens !... »

Quand il eut achevé sa lecture, Ganuge, triom-
phant, regarda interrogativement madame Myre,
qui esquiva son regard. L'idée de donner son avis
sur cette étrange lettre lui causait un indéfinissable
malaise. Cette mièvrerie caressante la choquait.
Mais, d'autre part, elle ne pouvait s'empêcher de
reconnaître que le jeune homme était terriblement
aimé de ses amis.

Voyant qu'elle gardait le silence, il demanda :

— Ne trouvez-vous pas qu'il est flatteur d'inspirer à des âmes d'élite de tels élans de tendresse ?...

— Oui... — fit Suzanne — oui, certainement !...

— Et ne trouvez-vous pas aussi qu'il serait impie de ne pas suivre de tels conseils !...

— Oui... — balbutia-t-elle, sans conviction.

Cette idée de départ l'énervait. Elle n'éprouvait pas encore un véritable amour pour Ganuge, mais il lui inspirait un sentiment assez vif et très complexe. Flattée de plaire à un homme qu'elle considérait comme un homme supérieur, elle se disait aussi — et elle était de très bonne foi — qu'il serait grand et beau d'arracher cet homme au sombre désespoir où il languissait ; de le faire sourire ; de l'amener à bénir l'existence, qu'il n'avait su jusqu'ici que haïr. Et Suzanne prenait à cette œuvre de charité un plaisir très réel. Ses journées, autrefois si vides, lui paraissaient courtes et bien remplies. Elle pensait à Ganuge toujours, cherchant des prétextes pour le revoir ; organisant des soirées, des parties ; enfin, trouvant à la vie un intérêt qu'elle ne lui avait jamais trouvé encore.

Elle demanda, parlant presque malgré elle :

— Alors, vous allez partir pour Paris ?...

— Dans quelques jours... mais, en attendant,

je pars demain matin pour la forêt... Hortense
va à sa maison de campagne...

— Oh!... — fit madame Myre consternée —
c'est si loin !...

— Oui... mais je vais acheter un cheval... et,
si vous le permettez, je viendrai vous voir
chaque jour?...

— Certes, je le permets!... — répondit-elle,
sans remarquer que l'acquisition d'un cheval s'accordait mal avec le projet de départ pour Paris.

La porte du salon s'ouvrit. Suzanne, assise très
près de Ganuge, s'écarta de lui brusquement.
C'était le domestique qui apportait le plateau
de thé. Dès qu'il fut parti, le jeune homme, se
rapprochant de nouveau, dit d'un ton hargneux :

— Il me semble qu'il pourrait frapper, ce
domestique?...

Elle répondit, stupéfaite :

— Frapper?... à la porte du salon?... mais
non !... Ça ne se fait pas!...

Elle examinait Ganuge avec un certain étonnement chaque fois qu'il disait une énormité, et se
demandait dans quel milieu il avait pu vivre? Puis
elle finissait toujours par s'expliquer gentiment
que les poètes et les rêveurs sont bâtis autrement
que le commun des mortels, et qu'ils ne peuvent
vraiment pas s'astreindre à apprendre la civilité
puérile et honnête. Ils laissent cela à ceux qui,
moins bien doués, n'ont d'autre ressource que de

se faire gens de bonne compagnie. Elle en arrivait à ne plus remarquer les costumes baroques, les cheveux longs et les façons du jeune homme. Et si, malgré elle, son attention était attirée par son linge, le plus souvent douteux, et ses ongles toujours sales, elle se raisonnait, en disant :

— Eh bien ! quoi?... Ça prouve qu'il travaille au lieu de passer son temps à sa toilette comme les autres !

Elle croyait sincèrement, quand Ganuge parlait de « ses travaux », qu'il mettait la dernière main à une œuvre destinée à le couvrir de gloire. Elle cherchait vainement à s'imaginer ce que pouvait être cette « *Raréfaction Vibratile du Moi* », dont elle entendait tant parler, et dont elle n'osait même pas, de peur de l'estropier, prononcer le titre. Certes, elle eût été bien surprise en voyant la façon de travailler de celui qu'elle appelait, dans ses causeries avec elle-même, « son cher poète ». Des cigarettes fumées sans trêve, soit vautré sur un lit défait, soit en pérorant dans une brasserie : tel était le seul travail auquel Ganuge condescendait à se livrer. « *La Raréfaction Vibratile du Moi* » n'avançait peut-être pas très vite, mais ce serait « une œuvre », affirmaient les privilégiés qui en connaissaient la substance.

Ganuge, que l'entrée du domestique avait dérangé, reprit :

— Tout à l'heure, quand ce butor a ouvert la porte, j'ai cru que c'était votre mari !...

— Mon mari est sorti !... — répondit Suzanne.

Et, prise d'un regret en pensant à l'abandon de ce mari qu'elle aimait d'une affection faite d'habitude et d'estime, elle reprit :

— C'est bien vrai, au moins, ce que vous m'avez dit?...

— Quoi donc?...

Elle répondit d'une voix émue :

— Que mon mari me trompe?...

Ganuge fronça les sourcils.

— Je suis au regret de vous avoir étourdiment appris ce que vous ne saviez pas, mais — et il prit un air solennel — je vous jure que j'ai dit vrai !...

— Comment s'appelle la maîtresse de monsieur Myre?...

— Cela, madame, — répondit-il vivement — je ne peux pas vous le dire...

— Parce que vous ne le savez pas?...

— Je le sais !... mais ce serait une infamie de vous nommer cette dame...

— Comment !... — s'écria Suzanne surprise — Comment !... C'est une dame?...

Il comprit qu'il venait de dire une bêtise et chercha à la rattraper.

— Une dame... si on veut... enfin, c'est une manière de parler...

— Dites-moi son nom?...

Et, suppliante, presque câline, elle répéta :

— Dites-le moi, je vous en prie?...

— Moins que tout autre je puis faire ce que vous me demandez là!...

S'apercevant, cette fois encore, de sa maladresse, il ajouta aussitôt :

— Vous comprenez... dans la situation délicate où je me trouve vis-à-vis de monsieur Myre... je suis obligé à une grande réserve...

Il s'interrompit en entendant une voiture qui s'arrêtait devant la grille, et, se précipitant à la fenêtre :

— Une visite!... Quel ennui!...

Et il reprit, furieux :

— Madame de Guéray!... C'est complet!...

Il chercha son chapeau qu'il avait posé sur un meuble. Et comme Suzanne, chagrine de le voir partir, lui demandait de rester, il répondit :

— J'ai cette personne en horreur... et je préfère vous quitter...

La marquise entrait. Tout de suite elle comprit qu'elle tombait mal, et que Suzanne lui en voudrait de raccourcir la visite de Ganuge. C'était ce qu'avant tout elle voulait éviter.

— Tu sais, Suzon, je ne m'assois pas, il faut que je me sauve!...

Elle n'eut pas l'air de voir que le jeune homme s'avançait pour prendre congé; et se tournant de

son côté, elle dit aimablement, en conservant le
ton bon enfant qu'elle perdait habituellement en
lui parlant :

— Monsieur Ganuge, j'ai un petit mot à dire à
Suzanne, et je vous sais assez de ses amis pour
vous demander, sans cérémonie, d'aller fumer
une cigarette dans le jardin... pendant une minute,
pas davantage!... Vous voulez bien?...

Et comme il semblait partir tout à fait, elle
reprit :

— Autrement, je m'en vais!... Je ne veux pas
faire perdre une partie de votre visite à madame
Myre...

Il s'inclina et sortit.

— Qu'est-ce que vous avez à me dire, Marraine?... — demanda Suzanne un peu intriguée.

— Rien!... Je veux t'inviter à dîner pour jeudi...
et c'était tout bonnement pour ne pas le faire
devant lui que je n'invite pas... Adieu!...

— Déjà?...

— Avoue que tu m'as assez vue?... — dit la
marquise en riant.

— Je parie que c'est à cause de Monsieur
Ganuge que vous ne restez pas?... Vous le détes-
tez?...

— Détester est peut-être excessif... Je ne l'aime
pas...

— Je vous assure que vous êtes injuste pour
lui!... Tout le monde l'aime!...

Elle vit sur la chaise longue la lettre que
Ganuge y avait laissée, et, la prenant, continua :

— Tenez... il me montrait tout à l'heure cette
lettre d'un de ses amis qui presse son retour...
car il va partir...

— Ah!... — fit la marquise ravie.

— Oui... il me lisait cette lettre si tendre, si
si affectueuse, d'un de ses amis, Monsieur Louis
Thomas... un homme supérieur, paraît-il...

— Naturellement!...

— Pourquoi, naturellement?...

— Parce qu'ils sont tous supérieurs dans ce
monde-là!...

— Enfin — reprit la jeune femme un peu vexée
— dans tous les cas, supérieurs ou non, ils savent
aimer.... et il est flatteur d'inspirer des affections
comme celle-là !...

Elle avait déplié la lettre et la tendait à la Marquise, qui, sans la prendre, répondit :

— Mais il ne m'a pas invitée à lire sa corres-
pondance, cet intéressant jeune homme !...

Suzanne s'entêta. D'abord, elle voulait grandir
Ganuge aux yeux de sa marraine, en lui prouvant
l'importance que ses amis attachaient à sa présence
et à son amitié; ensuite, elle désirait lui montrer
qu'il avait parlé d'une passion « sans espoir », et
qu'elle ne cherchait pas à cacher qu'elle-même
inspirait cette passion. Elle espérait, en quelque
sorte, rendre ainsi la situation plus nette.

La marquise se décida à lire.

— Pouah!... — fit-elle en rendant la lettre à madame Myre.

Et comme la jeune femme semblait demander une explication. Elle ajouta :

— Est-ce que tu perds le sens moral, ma petite Suzon, que tu lis sans dégoût ces insanités-là?... Tu me dis que c'est un homme qui écrit ça à un autre homme?... Je te crois... mais, moi, j'aurais plutôt supposé que cette lettre était d'une femme littéraire et névrosée... pour ne pas dire plus!... Je suis, vois-tu, d'un trop vieux bateau, moi!... Je ne peux plus me maintenir à flot!... Au revoir... Amitiés à ton mari... Je n'ai pas vu les enfants... embrasse-les pour moi!...

Tandis que Suzanne, un peu interdite, restait debout et roulait la lettre crasseuse entre ses jolis doigts blancs, en pensant qu'après tout sa marraine avait exprimé, avec sa sincérité habituelle, l'impression qu'elle-même avait tout d'abord ressentie, madame de Guéray rencontrait dans le jardin Ganuge, qui lui offrait des roses et la reconduisait à sa voiture.

V

Pendant un mois, les Guéray virent continuellement Ganuge chez Suzanne. Le marquis avait fini par s'accoutumer à lui, mais madame de Guéray pouvait de moins en moins souffrir ce singulier garçon, larmoyant, exsangue, insignifiant, et, par-dessus tout, ennuyeux.

Elle trouvait, et tout le monde trouvait comme elle, que sa présence rendait odieuses les petites réceptions des Myre, si gaies et si cordiales autrefois.

Il est de fait que quand M. Gaston Ganuge, adossé à la cheminée dans une pose maladroitement étudiée, commençait sur un ton plaintif des doléances qui ne finissaient plus — ce que la marquise appelait « les litanies du désespoir », — les invités paraissaient terrifiés.

Peu à peu, les anciens habitués désertaient.

Seul, le petit Montreu persistait encore, luttant contre l'ennui, et espérant qu'un jour peut-être il serait récompensé de sa persévérance.

Jacques, lui, ne venait plus que de loin en loin, juste autant qu'il le fallait pour éviter toutes suppositions malveillantes, et pour que M. Myre ne lui répétât pas incessamment cette phrase qui l'exaspérait :

— Ah ça!... on ne vous voit plus?... Vous avez donc eu quelque chose avec ma femme?...

Les années précédentes Suzanne, pendant l'été, voyait beaucoup moins les Duclos et les Lemol. Les Duclos avaient, près de Tomblaine, une vieille habitation où ils passaient août et septembre, tandis que les Lemol s'installaient dans un chalet construit par M. Lemol entre Champigneulles et la Belle-Fontaine; chalet singulièrement tarabiscoté, qui semblait dessiné par Robida plutôt que par le farouche architecte.

Cette année, la dispersion accoutumée n'avait en rien ralenti les relations des trois ménages, entre lesquels Ganuge servait de trait d'union.

— Ce pauvre Gaston! — disait madame Lemol d'un ton attendri — il faut bien le distraire un peu!...

C'était chez elle que son frère avait désiré s'installer, au grand chagrin de sa sœur Mathilde, qui demandait qu'au moins il partageât ses faveurs. Mais il avait refusé. Le bonhomme Duclos était un terrible beau-frère. Il ne gobait pas du tout ce qu'il appelait crûment des ratés et son gros bon sens infligeait à chaque instant, et sans même, s'en douter de dures leçons au jeune homme.

Le brasseur, qui avait travaillé toute sa vie et qui comptait bien travailler tant qu'il en aurait la force, ne comprenait pas qu'un garçon de vingt-cinq ans restât sans marcher, sans chasser, sans lire presque, et occupé seulement à rouler des cigarettes et à lamper des bocks, en racontant ce qu'il nommait irrespectueusement : *des rocam-boles.*

M. Gaston Ganuge exécrait ce beau-frère mal élevé et sincère, tandis qu'il s'entendait assez bien avec l'architecte, dont l'habileté fuyante ne le heurtait jamais de front.

Quand, en s'installant chez les Lemol, à la villa de Belle-Fontaine, Ganuge avait annoncé l'intention d'avoir un cheval, toute la famille s'était mise à trembler comme un seul homme, et M. Duclos s'était écrié :

— Mais tu ne sais pas monter à cheval, malheureux !...

A quoi le jeune homme, calme et superbe, avait répondu :

— Bah !... Qu'est-ce qu'il faut, en somme, pour monter à cheval ?... De l'audace, pas autre chose !...

Et il était allé, non pas acheter un cheval,

mais en louer un au mois à l'école de dressage.

Bien que le directeur eût vu tout de suite à quelle catégorie appartenait ce nouveau client, et lui eût donné un malheureux vieux cheval ankylosé par dix ans de manège, et incapable même d'une mauvaise pensée, Ganuge avait tout de suite compris que, pour monter à cheval, l'audace ne suffit pas et que l'assiette est préférable infiniment.

Les deux premiers essais furent suivis de chutes immédiates. Au troisième, le jeune homme parvint à se raccrocher à la bride, mais *Apollon*, reniflant l'air et reconnaissant la direction de son ancienne écurie, y était revenu au petit galop de reprise, malgré les efforts de son cavalier.

Enfin, choyé, enfoui jusqu'au ventre dans une litière telle qu'il n'en avait jamais vu dans le cours de sa misérable existence, bourré de sucre et de tranches de melon par madame Lemol — qui voulait, disait-elle, « lui faire aimer son frère » — *Apollon* se décida à supporter sans murmure le paquet ballottant qu'on lui posait chaque jour sur le dos. Et Ganuge crut avoir réalisé son rêve : « épater les Nancéens ! » — car il croyait réellement qu'il les épatait en passant sur la place Stanislas à « l'heure des terrasses » — et il était convaincu que son arrivée au galop dans le chemin de Nabécor éblouirait madame Myre.

En cela, comme en tout, d'ailleurs, il était inconscient du ridicule, et il ne se doutait pas de l'éclat de rire qui avait suivi son passage devant les cafés.

D'abord, en le voyant déboucher de la rue Sainte-Catherine, les gens assis aux terrasses se demandaient quel était cet étrange cavalier. Hubert de Trênes prétendait qu'un des Tziganes qui campent sous le chêne de Boulxières venait « aux provisions » sur le vieux cheval qu'il avait vu, la veille encore, attaché derrière la voiture des Bohémiens, broutant mélancoliquement l'herbe rare.

Mais le petit Montreu, tout à coup, reconnut *Apollon*, et ce fut une vraie joie.

Quel pouvait être l'homme courageux qui bravait les préjugés au point d'oser traverser Nancy sur *Apollon?*... *Apollon*, que pas un collégien n'eût voulu monter hors du manège, de peur de se faire « blaguer » ! Et quand, ensuite, on reconnut le cavalier d'*Apollon*, la joie fut à son comble.

Ganuge passa fièrement devant le café, tenant de sa main gauche les quatre rênes réunies, et laissant pendre sa main droite armée d'une longue cravache. Il avait toujours le chapeau à plume d'aigle et un veston serré, mais son pantalon s'engouffrait péniblement dans de hautes bottes à l'écuyère. En même temps qu'il saluait à plein bras ses camarades, il essaya d'approcher les jambes des flancs d'*Apollon* pour le faire caracoler, mais l'excellent animal ne broncha pas.

Il était habitué depuis si longtemps à sentir les pressions involontaires des jambes de ses cavaliers, qu'il n'accordait plus la moindre attention aux attaques voulues. Force fut donc de passer paisiblement sans faire de fantasia.

En arrivant à la petite maison de Nabécor, Ganuge prit sa revanche. Là, pas de pavé, rien à craindre. A la sortie du pont du chemin de fer, il chargea à fond de train et vint s'arrêter court devant la grille, dans une brusque secousse qui le lança le nez entre les oreilles du cheval, tandis que la pauvre bête tremblait sur ses vieilles jambes.

A travers la grille, les petites Myre avaient aperçu le jeune homme. Elles accoururent à sa rencontre, et, en le voyant de près, elles éclatèrent de rire, de ce bon rire frais et sonore des enfants, qui ne cherche ni à se dissimuler ni à s'expliquer. Et, comme leur mère, accourue et ayant, elle aussi, envie de rire, s'efforçait de prendre un air sévère, la petite Renée s'écria :

— Mais ris donc, Maman!... ris donc!... puisque tu en as envie!... Il est si drôle!...

Certes, Ganuge espérait un effet, mais pas celui-là! Il crut d'ailleurs que la jeune femme n'était nullement de l'avis de ses enfants, et il continua à parader devant elle, écrasant les plates-bandes et piétinant sans pitié les fleurs du petit jardin.

Suzanne, au contraire, élevée parmi des gens de sport, savait fort bien distinguer des vrais cavaliers les écuyers de contrebande. Dès que son envie de rire fut passée, elle se chagrina de voir si parfaitement ridicule celui qu'elle commençait à aimer. Elle lui demanda tout de suite par où il était venu, espérant que peut-être il avait évité de traverser la ville, et elle fut désolée d'apprendre qu'il avait rencontré Trênes, Montreu, etc... etc... qui devaient se moquer de si bon cœur de son costume et de sa tournure.

Puis, désireuse de le voir tel qu'il lui plaisait habituellement, elle le pressa de descendre de cheval. Mais elle eut à l'y décider beaucoup de peine. Il désirait prolonger le plus longtemps possible son effet.

Pendant tout le temps que dura la visite du jeune homme, madame Myre fut un peu moins qu'à l'ordinaire en admiration devant lui. Elle écouta distraitement les protestations et les plaintes amoureuses qu'il prodigua. Malgré elle, il lui apparaissait toujours à cheval, les jambes ballantes, le corps raidi, la main contractée sur les rênes.

Et le départ fut plus désastreux encore que

l'arrivée ! Comme la pluie commençait à tomber, Ganuge déroula un long manteau de drap vert, attaché à sa selle par des courroies ; se drapa fièrement dedans, un pan rejeté sur l'épaule ; salua en passant la main au-dessus de son chapeau et en l'enlevant par l'extérieur du bord gauche, et sortit au galop, accrochant violemment la grille qui vibra longtemps après son départ, tandis que les deux petites filles, ravies, battaient des mains de toutes leurs forces.

Suzanne remonta chez elle, mécontente de ses enfants, de Ganuge, et surtout d'elle-même. Elle se reprochait d'attacher ainsi malgré elle une importance à de petites choses, et sa mauvaise humeur s'accrut quand elle vit son mari qui arrivait à pied, suivi de Jacques. Tous les deux riaient en traversant le jardin. Elle comprit tout de suite qu'ils venaient de rencontrer Ganuge et que c'était de lui qu'ils se moquaient. Et, lorsque M. Myre entra dans le salon en criant dans un gros éclat de rire :

— Nous venons de rencontrer Fra Diavolo qui sort d'ici !...

Elle répondit d'un ton pointu :

— Tu as vraiment bien de l'esprit !

— Ma foi !... — dit le banquier étonné — je ne vois pas qu'il soit mal de s'égayer un peu aux dépens d'un être aussi ridicule que ce Ganuge !... Ça ne l'empêche pas d'être, paraît-il,

un esprit très remarquable et très cultivé...
Mais saperlipopette !... quelle touche il a à cheval !...

Suzanne haussa les épaules. La gaîté bruyante
de son mari l'énervait et, en ce moment, la vue
des deux hommes lui était infiniment désagréable.
Elle ne pouvait s'empêcher de reconnaître que
Jacques, avec son grand physique élégant et
solide, et même M. Myre, avec sa force et sa
belle humeur, étaient autrement sympathiques et
attrayants que l'être tourmenté et malsain qui,
tout à l'heure, était assis là. Et, de cela, elle leur
en voulait ! Elle reprochait à son mari sa
santé superbe, ses dents éclatantes, son énergie
au travail. À Jacques, sa race, ses bons grands
yeux si francs et sa façon de monter à cheval !
Cela surtout l'irritait singulièrement !... Aussi,
désirant être désagréable au jeune homme, qui
pourtant n'avait rien dit, elle s'écria, relevant la
dernière phrase du banquier :

— C'est précisément parce que monsieur
Ganuge est un esprit remarquable et cultivé,
qu'il ne monte pas mieux à cheval !...

Jacques se mit à rire.

— Mais — dit-il doucement, — il n'est pas
absolument nécessaire d'être ignorant pour bien
monter à cheval !...

Elle reprit :

— Ce n'est pas pour vous que je disais ça !...

— Merci ! — répondit-il en s'inclinant — je l'avais cru !...

M. Myre s'adressa à sa femme :

— J'ai demandé à Guéray de dîner avec nous, il ne veut pas !...

— Non... — dit Jacques sans laisser à la jeune femme le temps de parler — je dîne avec Montreu... il faut que nous décidions où l'on place les obstacles du rallye...

— Ah !... — fit Suzanne — c'est vrai !... ça recommence dimanche, les rallyes !...

— Oui... il y a encore trop de feuilles, mais quand il n'y a plus de feuilles, il fait trop froid !... Ah ! j'oubliais !... Ma tante m'a chargé de vous dire — c'est même pour ça que je venais vous voir — qu'elle compte suivre à cheval, mon oncle aussi, et que, si vous voulez le landau, il est à votre disposition et viendra vous prendre...

— Vous remercierez beaucoup madame de Guéray — dit M. Myre — nous acceptons volontiers...

— Mais — fit observer Suzanne avec un peu d'embarras — nous avons promis aux Lemol de prendre une voiture avec eux... et...

— Eh bien !... vous les emmènerez...

— Mais c'est que...

— C'est que Tante Charlotte ne les aime pas, voulez-vous dire !... Qu'est-ce que ça fait !... Ce n'est pas elle qui les emmènera, n'est-ce pas ?...

— C'est vrai!... mais elle n'aimé pas non plus qu'on s'empile... et...

— Eh bien, il n'y a pas à s'empiler !... Vous deux et deux Lemol... ça fait les quatre places...

— Il y a aussi monsieur Ganuge... — dit timidement la jeune femme.

— Mais non !— s'écria le banquier — il suit à cheval, Ganuge !... il vient de nous le dire !

Et il ajouta, se tapant joyeusement sur les cuisses :

— Il suit sur *Apollon!*... Moi, pour voir ça, j'irais au rallye à quatre pattes s'il le fallait !...

Suzanne balbutia :

— Sur *Apollon !*.. sur *Apollon?*...

Elle était atterrée. Elle voyait d'ici l'effet produit.

Elle demanda :

— Mais, est-ce qu'il saute, *Apollon ?*...

Jacques répondit en riant :

— Je le crains !... Il serait à souhaiter, dans l'intérêt de Ganuge, qu'il ne sautât pas!...

Suzanne lui lança un regard de reproche. Elle trouvait mal de parler de cela légèrement. Il lui semblait que tout le monde devait prendre, à ce qui touchait Ganuge, le même intérêt qu'elle y prenait elle-même. Jacques se leva :

— Il faut que j'aille rejoindre Montreu !...

— Attendez-moi un instant. — dit M. Myre — j'ai une lettre à mettre à la poste et je vous conduis au tramway...

Il sortit, et Suzanne regarda de côté Jacques, étudiant son attitude.

Depuis ce qui s'était passé entre eux, ils se trouvaient seuls pour la première fois. Qu'allait-il faire ?

Elle redoutait un peu quelque nouvelle folie du jeune homme et se tenait sur la défensive. Mais quand elle le vit parfaitement calme et correct, elle eut de ce calme et de cette correction un certain dépit. Il ne lui eût pas déplu de le savoir toujours amoureux, et même, au besoin, de le faire un peu souffrir.

Lorsque, après lui avoir serré la main gaîment, en bon camarade, Jacques sortit avec le banquier, elle murmura en le suivant des yeux :

— Celui-là aussi dit m'aimer !... Allons donc !...

Et sa pensée retournant à Ganuge, elle oublia ses jambes, ses cheveux, sa plume d'aigle, son veston étriqué, ses ongles sales, et même *Apollon*, pour ne plus penser qu'à sa mélancolie et à la grandeur de son amour !...

VI

Madame de Guéray suivait à cheval une des
grandes allées gazonnées de la forêt de Heys. Elle
était sortie seule; son mari et son neveu mon-
taient habituellement le matin et elle préférait
monter à cinq heures.

Jacques lui offrait souvent de sortir une seconde
fois pour l'accompagner, mais elle refusait, ayant,
disait-elle, horreur des femmes qui imposent des
corvées à leur famille ou à leurs amis ; des
femmes gênantes, qui ont toujours besoin d'un
aide ou d'une société et ne savent pas se débrouiller
toutes seules.

Jamais non plus la marquise n'emmenait de
groom. L'idée qu'elle était suivie, qu'un individu
marchait derrière elle répétant tous ses mouve-
ments, l'agaçait ; et, comme elle ne se souciait en
rien de ce qui est chic ou pas chic, elle préférait
éviter cet agacement.

Au moment où elle sortait, Jacques, qui de la fenêtre assistait à son départ, lui avait crié :

— Si vous vouliez bien aller mesurer les obstacles, Tante Charlotte, vous seriez gentille tout plein ?... Je vais vous donner la toise !...

— Je croyais que tu y étais allé ce matin?...

— Oui... mais ce n'était pas fini, et nos hommes ont la rage d'exagérer la hauteur !... Quand ce sont les hussards, ça va tout seul..., ils obéissent à la consigne à un centimètre près... Mais, cette fois, c'est Cyprien qui a fait le travail avec deux ouvriers... et il ne déteste pas la difficulté, Cyprien, quand elle est pour les autres !

La marquise approcha son cheval de la fenêtre, et, donnant à Jacques son petit bâton de frêne, elle prit en échange la canne qu'il lui tendait.

— Vous savez — expliqua-t-il — on la secoue pour faire sortir les centimètres supplémentaires?... Comme ça, elle n'a qu'un mètre !...

— Mais c'est assez, je pense?...

— Non... les obstacles sont d'un mètre vingt...

— C'est beaucoup trop haut !... Il arrivera des accidents !...

— Mais non!... Il n'y a pas de fixe... tout le monde peut passer ça!

Et il ajouta en riant :

— Même *Apollon* et Ganuge !

— Oh! celui-là ! — dit madame de Guéray — je m'en fiche !...

Au fond, elle n'eût pas été fâchée que le jeune homme fît, sans se faire de mal, une chute grotesque sous les yeux de Suzanne.

— Ça ne vous ennuie pas, au moins, de mesurer ça?... — demanda Jacques — je sais que vous descendez et que vous remontez si facilement toute seule?...

— Non, ça ne m'ennuie pas !... Où sont-ils, tes obstacles?...

— Il y en a deux ici en bordure de la forêt... Ceux-là, je vais aller les vérifier à pied... Voulez-vous vous occuper de celui qui coupe la route de Maron, des deux qui sont aux cinq tranchées, et des derniers, aux fonds de Toul?... Il y a une prison et trois haies... c'est là que sera l'hallali...

— Et si ça a plus de un mètre vingt, qu'est-ce que je ferai?...

— Vous me le direz... et j'irai demain matin faire baisser les têtes... Merci, Tante Charlotte !...

La marquise s'était mise en route. Après avoir mesuré la haie de l'allée de Maron, elle se dirigeait vers les cinq tranchées, lorsqu'elle se retourna, entendant derrière elle le galop d'un cheval. Très myope, elle ne distingua pas bien d'abord le cavalier qui s'approchait, et elle pensa que c'était Cyprien, son garde, qui allait mettre la dernière main aux obstacles.

C'est quand elle fut tout près de lui qu'elle reconnut le chapeau calabrais de Ganuge.

Le jeune homme salua et demanda à madame de Guéray la permission de l'accompagner un instant. Il rentrait à la villa de Bellefontaine et suivait la même route qu'elle.

La marquise accepta.

Quoique Ganuge lui fût antipathique, elle était toujours parfaitement polie pour lui. Et puis, elle n'était pas fâchée de causer un peu avec ce singulier garçon, et de comprendre, si elle le pouvait, d'où venait cette sorte de fascination qu'il exerçait sur Suzanne.

Elle connaissait quelques jeunes gens de l'école de Ganuge et elle était, relativement, au courant de leur littérature. Tout de suite elle le lança sur les sujets qu'elle pensait devoir l'intéresser, et elle eut vite jugé que, s'il était plus extraordinaire de mise et d'allures que la plupart de ses amis, il était aussi ordinaire d'âme. Certes, il avait de l'intelligence, une intelligence déliée même, mais sans finesse et sans charme.

Son « Moi », ce moi duquel il aimait tant à parler, sembla, cette fois encore, à madame de Guéray incolore et impersonnel.

Elle trouva, dans les pensées compliquées qu'il exprimait, quelque chose de déjà vu. La sentimentalité pleurarde, dont il faisait étalage, ne ressemblait en rien au sentiment. Tout en lui était guindé, tortillé, brumeux et appris. Tout sentait l'effort qui tendait à faire entrer de grandes

idées dans une enveloppe trop mesquine pour
les contenir. Elle remarqua aussi que, comme
tous ceux de son école, Ganuge abhorrait et
méprisait les « tempéraments ». Les talents
doublés de natures puissantes l'exaspéraient, et il
haïssait tout particulièrement ceux qui « pro-
duisent. »

Il considérait comme avant tout funeste à la
langue la simplicité et la netteté de la forme. Il
eût, disait-il, voulu vivre au temps de Voltaire
pour le lapider. Celui qui avait écrit *Candide* était
un malfaiteur !

Enfin, il récita à madame de Guéray l'antienne,
que d'autres lui avaient récitée avant lui.

Elle le trouva abominablement quelconque et
se dit :

— C'est « un raté de grande espérance », pas
autre chose !... Qu'est-ce que Suzanne, qui est
intelligente et jolie, peut aimer dans ce vilain
oiseau ?... C'est incompréhensible !...

Puis, se raisonnant :

— Après tout, peut-être ne l'aime-t-elle pas le
moins du monde... et s'intéresse-t-elle seulement
à ce qu'elle prend pour une « nature » ?... Peut-
être est-elle simplement flattée de se voir admirée
d'un homme qu'elle croit un poète et un rêveur ?...
Et ce pauvre Jacques qui s'attriste chaque jour
davantage !... Et cet imbécile de Myre qui ne voit
rien !..

Elle regarda son compagnon et s'aperçut qu'il l'examinait à la dérobée avec une attention étonnée.

Aussitôt, avec sa rudesse habituelle, elle demanda :

— Qu'est-ce que vous avez donc à me regarder comme ça?...

Le jeune homme répondit d'un ton précieux :

— Dois-je être franc?...

— Sans doute !

— Eh bien, madame, je me demandais, en vous voyant, pourquoi les amazones d'aujourd'hui ont modifié d'une façon barbare le si charmant costume d'autrefois?!... Pourquoi elles ont remplacé, par cette petite jupe courte, la grande jupe qui jadis flottait au vent?...

— C'est précisément parce qu'elle flottait au vent?...

— C'était idéal !

— Et incommode !...

— C'est possible, mais ce changement dépoétise la femme !... C'est comme cet affreux chapeau que les hommes eux-mêmes ne peuvent se décider à porter !

— Mais je vous demande pardon... la plupart des hommes s'y décident très bien...

— Moi, cela m'est impossible!... Avouez, madame, que vos grands feutres empanachés étaient plus seyants?...

— Vous devez regretter aussi les voiles verts et les gants à crispins ?

— Oui, madame...

— Je croyais que vous étiez très moderne ?

— Pas au point de vue du costume...

Ils arrivaient aux cinq tranchées.

— Vous seriez bien aimable — demanda madame de Guéray — de mesurer les deux haies que voilà ?...

Ganuge descendit maladroitement, prit la toise et dit d'un air gêné :

— Qu'est-ce que je vais faire de mon cheval pendant ce temps-là ?...

— Tenez-le !... vous n'avez qu'à approcher la toise de la haie... c'est tout de suite fait !...

Mais voyant que le jeune homme, en se dirigeant vers l'obstacle, louchait avec inquiétude sur le pauvre *Apollon*, qui le suivait docilement, elle cria :

— Ou plutôt, donnez-le moi... je vais vous le tenir...

Elle tint *Apollon*, pendant que Ganuge mesurait les deux haies. Lorsqu'il eut fini, il voulut monter à droite. La marquise crut que c'était parce que le flanc gauche d'*Apollon*, qu'elle tenait de la main droite, se trouvait serré contre son cheval et elle dit :

— Mais passez donc ici, pour monter du bon côté !...

Il répondit d'un ton sentencieux et important :

— Il n'est pas de bon côté pour moi... je monte à droite ou à gauche...

Puis il demanda :

— Où finit le rallye-paper ?...

— Au-dessous de la route de Toul, dans le grand fond de prairie... j'y vais aussi pour mesurer les haies...

— Alors, vous suivez toujours la même route que moi ?... Me permettez-vous de continuer à vous accompagner ?...

— Mais sans doute !...

— Vraiment, cela ne vous est pas désagréable ?

— Mais non !...

Et, machinalement, la marquise demanda :

— Pourquoi ?...

— Parce que — s'écria Ganuge — vous ne m'aimez pas !... Oh! ne protestez pas, je le sais!...

— Mais je ne proteste pas !

— A la bonne heure !... D'abord, je m'en suis bien aperçu tout de suite... il est très facile de deviner qui vous n'aimez pas...

Et il reprit après un instant de silence :

— ...ou qui vous aimez ?...

— Ah!... — murmura madame de Guéray, un peu inquiète.

— Oui... et puis, d'ailleurs, si je n'avais rien deviné, j'étais averti par madame Myre...

— Comment, elle vous a dit...

— Que vous me détestiez... Oui, Madame...

— Oh! elle a exagéré!...

— Voulez-vous dire par là que vous ne me faites pas cet honneur?...

— Je ne veux dire que ce que je dis...

— Il paraît, Madame, que les psychologues et les rêveurs ne sont pas gens à votre goût?...

— Mais si!... il y en a qui sont très à mon goût...

— Je n'ai pas, paraît-il, le bonheur d'être de ceux-là!... Madame Myre m'a dit que vous lui aviez fait à mon sujet des observations...

— C'est très sot à elle de vous avoir dit ça, mais c'est exact!... Je lui ai fait des observations, dont elle n'a d'ailleurs tenu aucun compte...

— Heureusement! — fit-il.

Et, se renversant sur sa selle, en regardant de côté la marquise, il demanda en souriant :

— Vous me croyez donc très dangereux?...

— Oui et non!... Non, si on ne tient compte que de la séduction personnelle... Oui, eu égard à l'ennui, au désœuvrement, au vide immense de la vie de province... Vous ne savez pas à quel point l'esprit est bien préparé pour accueillir l'imprévu...

— Il me semble que, dans certains cas, on peut appeler cet imprévu « le sentiment »?...

— Appelez ça comme vous voudrez... Sentiment, flirt... passion même, si vous y tenez...

— J'y tiens !...

— Eh bien, la voie vous est merveilleusement ouverte !... Vous n'avez qu'à paraître au moment psychologique... Et ce n'est pas parce que vous êtes « *vous* » que vous plaisez... c'est parce que vous êtes le nouveau, la diversion, l'incident, qui vient rompre la désespérante monotonie d'une vie sans plaisirs... presque sans devoirs...

— Vous êtes sévère pour nos pauvres mérites !...

— Vos mérites se réduisent à un seul : paraître à temps !...

— Alors vous n'admettez pas qu'on puisse plaire parce qu'on est d'une nature... comment dirais-je ?... d'une nature...

— Supérieure ?... allez-y !... ne vous gênez pas pour moi !... Dites ce que vous pensez !...

— Eh ! mon Dieu, oui, supérieure... relativement...

— Bien entendu..., relativement...

— Eh bien, niez-vous qu'une nature supérieure aux autres natures rencontrées jusqu'alors, puisse se faire aimer par le seul fait de cette supériorité ?...

— Oui, ce n'est pas sa supériorité qui lui attire un meilleur accueil... c'est sa diversité !... Vous n'offrez pas ce que le voisin a offert avant vous... et vous ne demandez pas non plus ce qu'il a demandé... Vous représentez l'inconnu !... Vous faites entrevoir une forme d'intrigue, platonique et délicieuse, où l'on peut continuer à lever le nez sans honte, et à regarder son mari dans le blanc de l'œil sans rougir!... Où les autres parlaient d'amour — mot effarouchant en diable pour la provinciale qui pense à ce qui l'attend à la fin — vous ne parlez que de sentiment... mot paisible et honnête!... Le cœur, ce bête de muscle creux et compromettant, qui bat souvent trop vite et fait faire un tas de sottises, est remplacé dans vos discours par l'âme, dont le seul nom rassure et parle d'éternel et d'infini... Enfin, vous savez présenter les choses de telle sorte, qu'une brave petite femme, qui frémirait à la seule idée d'un flirt avec un homme comme les autres, se lance tête baissée dans un roman avec vous... parce qu'elle sait que ce roman n'aura pas de dénouement...

— Je crois, Madame, — dit Ganuge en souriant — que vous avez une trop haute idée de la vertu des femmes... Le roman, puisque c'est ainsi qu'il vous plaît d'appeler ce que moi j'appelle une passion, n'est agréable à lire que parce qu'on court vers le dénouement, et j'imagine que les femmes seraient très vexées de ne pas voir arriver ce dénouement?... Supposez que depuis un mois vous suivez dans votre journal un beau roman, qui vous intéresse et vous fait palpiter... et que le jour où il doit finir, on vous supprime le dernier feuilleton?...

— Eh bien ?...

— Eh bien, vous protesteriez de toutes vos forces?.., C'est absolument le même cas...

— Vous vous trompez... du moins quand il s'agit de femmes comme madame Myre !...

— Je ne le crois pas !... D'ailleurs, nous le verrons bien !...

La marquise dressa l'oreille.

— Comment « nous le verrons bien » ?...

— Mais dame !...

Et il ajouta, en souriant de son méchant sourire, qui découvrait entre des lèvres pâles deux dents grises et pointues :

— Je n'ai pas, moi, l'intention de supprimer le dernier feuilleton !...

— C'est une vilaine action que vous allez essayer de faire là !... Vous troublez une vie calme et douce, irréprochable jusqu'ici... Vous entraînez dans une aventure sans issue une femme inexpérimentée...

— Ah! permettez !... Madame Myre n'est plus une enfant !.. Et si j'ai l'expérience qui s'acquiert par la souffrance... elle a celle que donnent les années...

Madame de Guéray se tut. C'était vrai, en somme! Cet être chétif et malfaisant avait huit ans de moins que Suzanne.

Ganuge reprit :

— Je n'ai d'ailleurs pas obsédé de mes pour-

suites madame Myre... je l'aime et j'ai cru voir
qu'elle m'aimait aussi...

— Oh!... vous savez!... on croit toujours voir
ça !...

— Elle me l'a dit !...

— Ah !... — fit la marquise saisie.

Elle reprit au bout d'un instant :

— Savez-vous que c'est une indélicatesse de
me raconter ce qui s'est passé entre vous et
Suzanne?...

— Je sais, Madame, que vous aimez tendrement votre filleule, et que vous êtes incapable de
lui nuire...

— De lui nuire, c'est vrai, mais non pas de me
mettre en travers pour empêcher que d'autres lui
nuisent...

— Je ne vous laisserai pas faire!... Au commencement, je n'ai éprouvé pour Suzanne...

Madame de Guéray interrompit sèchement :

— Je vous prie de ne pas l'appeler Suzanne...
quand c'est à moi que vous parlez...

Ganuge s'inclina.

— Soit !... Je n'ai éprouvé d'abord pour madame
Myre qu'une petite passionnette, comme celles
qu'inspirent les femmes coquettes et jolies...
mais depuis que je la connais davantage... depuis que j'ai compris qu'elle m'aime et me veut
consoler des désillusions et des désespoirs de la
vie, je me suis attaché à elle et je me suis juré

d'essayer une fois encore d'être heureux !...
Vous voyez, Madame, que je vous parle franchement ?...

— Et, sans doute — demanda madame de Guéray que la colère faisait pâlir — vous avez parlé
aussi franchement à d'autres ?... L'autre soir, à
ce dîner chez Suzanne, ces amis qui sont venus
vous voir de Paris et que vous aviez amenés...

— Mes amis Thomas et Barbara ?...

— Oui... Eh bien ! ils examinaient Madame
Myre avec une curiosité et une insistance trop
extrêmes pour n'être pas motivées ?... Eux aussi
ont dû recevoir vos confidences ?...

Sans répondre, le jeune homme indiqua les
haies qui coupaient la prairie dans laquelle ils
venaient d'entrer et demanda :

— Si vous voulez bien me confier la toise,
Madame, je vais mesurer ?...

Tandis qu'il toisait les haies, la marquise se
calmait peu à peu, cherchant à tracer dans sa
tête un plan de défense et aussi à se démontrer
qu'elle s'inquiétait peut-être à tort.

Qui prouvait que ce mufle eût dit vrai ?...
Certes, Suzanne était coquette ?... Elle tenait à être
courtisée et elle était fort capable d'encourager
une passion ; mais de là à aimer assez sérieusement elle-même pour se donner... il y avait loin !

— La première haie a un mètre vingt-cinq,
Madame !... — dit Ganuge, qui revenait.

Et il ajouta, en plaçant sa main à la hauteur de sa cravate :

— Elle m'arrive là !... C'est haut !...

— En effet ! — répondit madame de Guéray — mais, ici, le terrain est si bon !...

Et, voulant se rendre compte de la difficulté, elle tendit au jeune homme les rênes d'*Apollon* qu'elle tenait en main et mena son cheval sur la haie. Il sauta en effleurant à peine le balai du haut. Elle passa aussi les autres obstacles, et revint vers Ganuge qui était parvenu à remonter sur *Apollon*..

La marquise aimait passionnément tous les exercices violents et s'y absorbait totalement. Le teint redevenu rose, les yeux brillants, la bouche humide et souriante, elle ne pensait plus à ce qui venait de se passer cinq minutes avant entre elle et son compagnon, et ce fut du ton le plus indifférent qu'elle dit, sans même s'adresser à lui :

— Ils sont parfaits, ces obstacles !...

— Oui ! — répondit avec conviction Ganuge — et bien faciles à sauter !...

Et, avec cette inconscience du danger qu'ont seuls ceux qui ne montent pas à cheval, il lança *Apollon* au galop et courut sur la haie.

— Il va se casser la figure !... — se dit la marquise.

Elle ouvrit la bouche pour le rappeler, puis, pensant à Suzanne, elle se ravisa.

— Bah !... Dieu sait bien si c'est sur cette haie-
là qu'il veut le tuer !... Ça n'est pas mon affaire !

Apollon cependant allait son petit train, et
Ganuge, la main et les jambes ballottantes, le
buste renversé, se préparait de toutes ses forces
à franchir cette chose qui, vue de près, lui semblait à présent aussi haute que la lisière de la
forêt. Arrivé au pied de la haie, le vieux cheval
s'arrêta court en reniflant, et le jeune homme,
décrivant une courbe, alla tomber de l'autre côté
de l'obstacle.

— V'lan ! ça y est !... — fit la marquise en
accourant — mais il n'a pas dû se faire de mal...
c'est une bonne chute !...

Au moment où elle arrivait, *Apollon* allégé et
guilleret, sauta de plain-pied la haie, et, les
étriers ballants, les rênes traînantes, prit un petit
sentier qui conduisait à la Belle-Fontaine et disparut joyeusement dans la forêt.

Madame de Guéray vit tout de suite Ganuge
étendu la figure dans l'herbe. Elle descendit, attacha son cheval à un arbre et courut vers le jeune
homme, très inquiète de voir qu'il ne bougeait
pas. Un revirement se faisait en elle. Elle se
reprochait de n'avoir pas, quand il en était temps,
empêché cette chute.

Elle retourna Ganuge sur le dos, et, s'asseyant
à terre, lui posa la tête sur ses genoux. Il était
terriblement pâle, et la marquise ne pouvait s'ex-

pliquer qu'une chute si simple l'eût mis dans cet état. Alors, elle pensa : « Est-ce que le cheval, en sautant, aurait marché sur lui quand il se relevait?... » Comme la haie le lui cachait à ce moment-là, elle n'avait rien vu.

Désolée, les larmes aux yeux, elle se pencha, posant sa joue contre les lèvres entr'ouvertes du jeune homme. Elle se releva tout de suite, ras- surée par son souffle régulier. Alors elle s'occupa des soins à lui donner; défit sa cravate et son gilet, serré comme un corsage de femme; si serré, qu'elle eut beaucoup de peine à le déboutonner; puis comme il ne fallait pas le laisser ainsi en plein soleil, elle se leva et le prit dans ses bras pour l'emporter au bord du bois.

Elle fut stupéfaite de le trouver si léger. Au lieu de faire, comme elle s'y attendait, un effort énorme, elle le soulevait presque facilement. Le mouvement le ranima. Il ouvrit les yeux, et, tout étonné de se voir dans les bras de cette grande femme qui l'emportait comme un bébé, il mur- mura :

— Suzanne!

Puis il demanda plaintivement :

— Je suis tombé?

— Probablement!... — répondit la marquise en le déposant sur le talus gazonné.

Et se secouant, rajustant ses gants dérangés et son amazone :

— Vous voyez, c'est moins poétique, mais plus commode pour ramasser les maladroits, une jupe courte !... Allons, levez-vous, pour voir si vous n'avez pas de mal ?...

Il se mit debout.

— Je ne suis pas encore très solide sur mes jambes... mais je n'ai rien de cassé...

Et voyant la figure bouleversée et les yeux encore pleins de larmes de la marquise :

— Je vous ai fait peur ?... Je vous demande pardon !...

À mesure qu'elle se rassurait, toute sa mauvaise humeur revenait. Elle répondit d'un ton bourru :

— Le fait est que vous pouvez vous vanter d'être embêtant, vous !...

Puis, voyant qu'il regardait autour de lui d'un air inquiet :

— Qu'est-ce que vous cherchez ?

— Je cherche... mon cheval...

Madame de Guéray éclata de rire.

— Ah !... vous pensiez qu'il vous attendait !... il y a longtemps qu'il est rentré, votre cheval !...

— Oh !... comme ma sœur va être inquiète !...

Et, tout de suite, il ajouta consterné :

— Et puis, on saura que je suis tombé...

— Dame !... ça m'en a l'air !... Mais il n'y a pas de mal à ça !...

— C'est ridicule !...

— Eh bien, vous raconterez que votre cheval s'est sauvé pendant que vous cueilliez des myosotis en pensant à « *La Raréfaction Vibratile du Moi!...* » A propos, vous qui êtes, m'avez-vous dit, à la recherche de sensations nouvelles, quelle sensation avez-vous éprouvée tout à l'heure?...

— Vous vous moquez de moi!... Mais, en effet, je pourrais peut-être trouver quelque chose à dire... pour expliquer...

— Dites que vous avez lâché *Apollon* en mesurant les haies avec moi... ce sera la moitié de la vérité!...

— Mais vous, Madame?

— Eh bien quoi, moi?...

— Si vous racontez...

— Je ne raconterai rien, si je vous promets de ne rien raconter...

— Pas même à madame Myre?...

— A personne...

— Vous me le jurez?...

— Je vous le jure...

— Je vous remercie de tout cœur, Madame... — dit-il avec un peu d'embarras.

— Ne me remerciez pas... Je vous devais ça pour compenser une mauvaise pensée que j'ai eue à votre sujet tout à l'heure...

— Alors, vous n'êtes plus mon ennemie?...

— Ah! mais si!... — s'écria la marquise — et je vous le prouverai... si vous m'y forcez!...

Elle détacha son cheval et, l'approchant du talus, remonta seule.

Arrêté au milieu de la prairie, Ganuge lui cria au moment où elle s'éloignait au trot :

— C'est égal, j'ai votre parole !...

Elle se retourna et répondit :

— Vous avez ma parole !...

VII

Le lendemain, Ganuge arriva au rendez-vous,
escortant le landau des Guéray qui amenait M. et
madame Myre et les Lemol. Aussitôt madame
Lemol s'adressa à la marquise :

— Ah! Madame!... quelle horrible peur mon
frère nous a faite hier!... Quand j'ai vu rentrer
ce cheval sans son cavalier... j'ai cru mourir!...

— J'ai été d'autant plus désolée de la mésaventure arrivée à monsieur Ganuge — répondit madame
de Guéray — que c'est un peu par ma faute que...

— Quoi donc?...

— Quelle mésaventure? — interrompirent
ensemble Jacques et le marquis.

— Comment, Madame votre tante ne vous a
pas dit l'accident arrivé à Gaston?... — demanda
madame Lemol, très surprise.

Et Suzanne s'écria, en regardant madame de
Guéray d'un air de reproche :

— Comment, Marraine, vous n'avez pas raconté ça ?...

— Il est tombé ?... — interrogea gaîment le gros Duclos, qui descendait de voiture. Madame Duclos descendait derrière lui ; elle répéta angoissée :

— Mon Dieu !... mon Dieu ! il est tombé !...

Voyant que le jeune homme, très rouge, ne répondait pas, la marquise vint à son secours :

— Mais non !... j'ai rencontré monsieur Ganuge quand j'allais hier mesurer les obstacles des fonds... Il a eu la complaisance de les mesurer à ma place... Pendant ce temps-là son cheval s'est sauvé, et il a été obligé de rentrer à pied...

— Ah ! — fit le brasseur en riant de ce rire qui horripilait si fort son beau-frère — j'aurais parié qu'il était tombé !...

— Ben, vrai, vous n'êtes pas bavarde, Tante Charlotte !... — dit Jacques — vous ne nous avez pas parlé de ça !...

— Dame !... je n'y ai pas pensé !...

— Et puis... — murmura à demi-voix M. Duplay, qui venait d'arriver au rendez-vous — vous ne vouliez peut-être pas raconter que vous vous promenez en tête à tête avec un monsieur aussi bien tourné ?...

Le vieux garçon avait, dès le premier jour, pris Ganuge en grippe. Maniaque, tracassier, ponctuel et tatillon, il en voulait à tout ce qui dérangeait ou même côtoyait sa vie. Il avait au café sa table — à laquelle personne n'osait s'asseoir — et ses cure-dents, d'une espèce particulière, auxquels on ne touchait pas, sachant bien qu'ils lui appartenaient. Ganuge s'était précisément assis à cette table à sa première entrée dans le café, et M. Duplay, furieux, ne lui avait pas pardonné cette ignorance des usages locaux.

— Où donc est monsieur de Montreu? — demanda Suzanne qui regardait les voitures et les cavaliers — je ne le vois pas?...

— C'est lui qui fait la bête... — dit Jacques — il est parti il y a dix minutes... et nous allons pouvoir lancer... Je crois que tout le monde est arrivé?...

Il s'éloigna pour donner le signal du départ. Ganuge s'approcha du landau, et, tandis que le banquier et M. et madame Lemol, descendus de voiture, causaient avec les allants et venants, il dit à la jeune femme restée seule :

— Il vous manque donc bien, monsieur de Montreu, que vous vous inquiétez ainsi de son absence?...

— Rien ne me manque quand vous êtes là... et vous le savez bien?... — répondit-elle en fixant sur lui son tendre regard bleu.

Il sembla frissonner, et, abaissant à demi les paupières, il se détourna en mettant sa main sur ses yeux.

A quelques pas, madame de Guéray, occupée à lorgner les arrivants, examinait en ce moment Suzanne et Ganuge. Elle n'entendit pas les paroles échangées, mais elle vit le regard appuyé de la jeune femme, et la pantomime qui suivit ce regard. Déjà, depuis la veille, elle se demandait si vraiment sa filleule n'avait pas été la cause de tout ce qui arrivait. Elle était avec Ganuge d'une coquetterie excessive. Elle avait dû encourager sa cour, provoquer ses aveux, et peut-être, en fin de compte, affoler complètement par sa grande puissance de séduction ce déséquilibré de vingt-deux ans. La marquise se rappelait que la veille, en reprenant connaissance après sa chute, le premier mot qu'il avait prononcé était le nom de Suzanne. Donc, son souvenir le hantait vraiment. L'idée que Ganuge avait pu jouer à cet instant une comédie et murmurer des mots à son intention, ne lui vint même pas. Elle se dit qu'il aimait sincèrement la jeune femme et que, à juger froidement et sainement la situation, elle était, à tout prendre, plus coupable que lui. Elle en voulut à sa filleule d'avoir fait espérer à ce garçon ce qu'elle ne comptait pas lui donner. Elle lui en voulut surtout, mais inconsciemment, de faire souffrir Jacques, et elle en voulait un peu aussi à Jacques de s'être attaché à Suzanne d'une façon plus aiguë, en la voyant s'amouracher de ce Ganuge, qui lui semblait, à elle, un grotesque.

Au moment du départ, la plupart des cavaliers s'élancèrent en peloton et dévalèrent dans la prairie, suivant les papiers roses qui conduisaient aux obstacles de Clairlieu. Madame de Guéray se trouva en arrière avec Ganuge, auquel elle demanda gentiment :

— Vous ne vous êtes pas ressenti de votre chute ?...

— Si, un peu... Je suis comme meurtri...

Et il ajouta avec une amabilité sous laquelle on sentait l'effort :

— A ce propos, j'ai à vous remercier, Madame, de m'avoir prêté votre très utile concours...

— Pour vous ramasser ?... Mais c'était bien naturel !...

— Non, pas pour me ramasser... De cela aussi je vous remercie, mais enfin, ce n'est pas ce dont je voulais parler... C'est de la bonne grâce avec laquelle vous m'avez, tout à l'heure, aidé à me tirer d'un mauvais pas...

— Vous n'avez pas à me remercier... c'était chose convenue.

On approchait des deux premiers obstacles. Sur la hauteur, à la lisière de la forêt, les voitures attendaient, arrêtées sur la route, pour assister au saut.

Ganuge, tout à coup, retint *Apollon*, et, effaré, dit à la marquise :

— Comment... déjà des obstacles ?...

— Oui... mais vous savez, on peut passer à côté !...

— Je crains qu'on ne trouve cela drôle !

— Moins drôle que si vous tombiez !...

Il demanda anxieusement :

— Mais vous allez sauter, vous ?...

— Naturellement... Ce n'est que pour sauter que je suis les rallyes...

Lorsqu'ils rejoignirent les voitures, le gros Duclos interpella son beau-frère :

— Pourquoi n'as-tu pas passé les obstacles ?...

— Parce que — répondit avec aplomb Ganuge — cette brute de cheval ne saute pas...

Suzanne lui lança un regard compatissant. Il s'approcha du landau, et, quittant tout à fait les cavaliers, se mit à escorter la voiture.

— Il me semble — dit-elle gaîment — que depuis quelque temps vous avez fait la paix avec ma Marraine ?...

— Mon Dieu !... pas précisément... quoique...

— Tant pis !... Il faudra en arriver là !... Elle est superbe aujourd'hui, ma Marraine !... Cette amazone grise lui va joliment bien !...

— Moi ! — s'écria M. Myre — je la trouve diablement fadasse, au contraire ! Ce cheval gris !... cette robe grise !... ce chapeau gris !... Je trouve ça triste !...

Quand le petit Montreu se fut laissé prendre par madame Juvisy devant toutes les voitures alignées pour l'hallali, chacun mit pied à terre et on déballa le goûter.

Le goûter, offert par les membres de la Société des Rallyes-paper, était servi par les femmes et les sœurs des sociétaires. Madame de Guéray et Suzanne circulèrent au milieu des groupes, portant des assiettes et des verres. Mais, au bout d'un instant, la jeune femme disparut.

Ce fut la mère du petit de Montreu qui fit très innocemment remarquer son absence :

— Où donc est madame Myre ? — demanda-t-elle à la marquise — je ne la vois plus ?...

— Tiens !... Où est-elle passée ?... — s'écria madame de Guéray, tandis que le visage de Jacques se rembrunissait et qu'il regardait autour de lui, cherchant à découvrir la jolie silhouette toute blanche de Suzanne.

Bientôt son regard alla vers un sentier (celui-là même qu'*Apollon* avait pris la veille pour rentrer seul à l'écurie). L'entrée du sentier était obstruée par deux amis de Ganuge, actuellement en déplacement à la villa de Belle-Fontaine, MM. Thomas et Barbara. Ils ricanaient mystérieusement, et semblaient en quelque sorte défendre le passage aux promeneurs.

— Sans doute — pensa Jacques — elle est là ?...

Il marchait vers le chemin ; la marquise l'arrêta :

— Tu ne vas pas faire des bêtises, toi, n'est-ce pas?...

— Mais, Tante Charlotte, Suzanne est là?... j'en suis sûr!... Vous voyez bien que ces deux drôles affectent de protéger son tête-à-tête avec Ganuge... Il la compromet indignement!...

— Pardon!... *Elle se* compromet indignement!... Tu n'y peux rien, mon pauvre enfant, ni moi non plus!... Aide-nous à servir le goûter... Ça vaudra mieux que de rester là à piétiner et à t'énerver?...

Et, se tournant vers les amis de Ganuge, mais sans marcher à leur rencontre, elle demanda, tendant les deux verres qu'elle portait :

— Voulez-vous du vin de Champagne, messieurs?...

M. Thomas regarda son compagnon, semblant le consulter sur la conduite à tenir. Ils chuchotèrent un instant, puis M. Barbara vint prendre les verres que la marquise lui offrait et retourna à sa place.

— Pas moyen de les décoller!... — murmura-t-elle découragée — Jacques a raison... Suzanne est là!...

C'était, en effet, dans le petit sentier que Ganuge avait entraîné madame Myre. Dès qu'ils eurent fait quelques pas, elle demanda en souriant, tranquille et confiante :

— Où me conduisez-vous ?...

Doucement, sans répondre, il la poussa dans le taillis. Et, lorsqu'ils se furent enfoncés dans l'ombre épaisse des branches entrelacées, lorsqu'il fut sûr que, du sentier, on ne pouvait plus les voir, il se mit à genoux devant elle, et, lui prenant les mains, chercha à l'attirer vers lui.

Suzanne se raidit, un peu inquiète, troublée par le brusque changement d'allures et par les yeux luisants du jeune homme. Elle trouvait qu'il s'éloignait du platonisme qu'elle aimait en lui. Elle voulut le repousser, mais il se releva brusquement, et, la saisissant dans ses bras, lui écrasa la bouche sous ses lèvres.

Elle se débattit d'abord, et finit par se soumettre, tremblante et émue d'un sentiment étrange, fait de joie et de peur.

Il murmura :

— Je vous adore !...

Et Suzanne entraînée, nouant ses bras autour du cou de Ganuge et posant sa tête sur son épaule, répéta, sans trop savoir ce qu'elle disait :

— Moi aussi, je vous adore !...

Il poussa un cri de joie, et étreignant brutalement la jeune femme, il lui reprit les lèvres en balbutiant d'une voix entrecoupée :

— Donne-toi, veux-tu ?... Donne-toi toute ?...

Cette fois, Suzanne bondit en arrière, effarée, rappelée à elle-même par ces mots qu'elle attendait si peu, heurtée par ce tutoiement qui la blessait.

Il marcha sur elle, et, tremblant, lui soufflant au visage une haleine chaude, infectée d'une odeur de tabac et de bière, il répéta :

— Donne-toi, je le veux !

Prise de peur et de dégoût, elle recula encore en criant :

— Non !... non !... ça, jamais !...

Et passant violemment à travers les branches, elle se jeta dans le sentier et se mit à courir vers la sortie.

Ganuge la retint par sa robe, d'une secousse qui faillit la faire tomber, et, durement :

— Attendez au moins pour reparaître devant tout ce monde que nous ayons d'autres têtes que ça !...

Elle s'arrêta, et le regardant, se demanda terrifiée, si vraiment elle aussi avait une « tête » comme celle du jeune homme. En ce moment, avec ses traits bouffis, ses yeux injectés, sa lourde mâchoire et sa lèvre mince retroussée sur les dents, elle lui trouvait l'air singulièrement féroce.

Elle resta, docilement plantée à deux pas de lui dans le sentier, attendant qu'il voulût bien la suivre, mais décidée à se sauver s'il faisait un mouvement pour la toucher encore.

Quand madame Myre et Ganuge reparurent, la plupart des cavaliers étaient déjà remontés à cheval, et on replaçait l'argenterie et les cristaux dans les grands paniers remplis de son.

Tout le monde les examina curieusement, et M. Myre s'écria :

— Enfin !... On vous croyait perdus !...

Le marquis remettait sa femme à cheval ; madame Lemol s'approcha :

— Il est très tard, et vous êtes à cinq minutes de Belle-Fontaine... Voulez-vous nous faire le plaisir de partager notre modeste dîner ?... vous trouverez Suzanne et son mari, monsieur Duplay... messieurs...

— Vous êtes mille fois aimable, mais, avec cette amazone, j'étoufferais !... Et puis, j'ai un cheval odieux, qui tape quand il n'est pas dans son écurie... je vais rentrer aux Hêtres...

— Et monsieur le marquis de Guéray — fit M. Lemol, qui s'approchait à son tour — craindra-t-il d'avoir trop chaud, et a-t-il aussi un cheval qui tape ?...

La marquise comprit au ton de l'architecte qu'un refus le blesserait. Elle regarda son mari qui, lui aussi, avait compris. Il accepta.

Madame Lemol s'adressa alors à Jacques :

— Et vous, monsieur Jacques, dînerez-vous avec nous ?... Votre ami, monsieur de Montreu, veut bien nous faire ce plaisir !...

— Je vous remercie, Madame, mais je vais rentrer avec ma tante... J'ai, d'ailleurs, un tel mal de tête, que je serais un convive ennuyeux et maussade...

M. Myre le regarda :

— C'est vrai... Vous êtes joliment rouge !...

Quand madame Lemol se fut éloignée, Jacques demanda au petit Montreu :

— Comment ?... Tu dînes chez eux, toi !... malgré ta politique ?...

— Mon ami... — répondit gravement le jeune homme — je dînerais chez le préfet lui-même, si j'y devais rencontrer madame Myre !...

Ganuge avait accompagné ses deux amis jusqu'au fiacre qui les avait amenés et les reconduisait à la Belle-Fontaine. Il revint prendre *Apollon*, qu'un Dragon promenait en main depuis une heure, et se dirigea vers le landau, traînant derrière lui le pauvre vieux cheval.

— Voilà, — fit madame Lemol avec colère — l'horrible animal qui m'a fait cette peur hier !...

Et, levant son ombrelle, elle voulut en frapper le nez d'*Apollon* qui redressa brusquement la tête. Ce mouvement fit lâcher au jeune homme les rênes qu'il tenait du bout des doigts et, profitant de sa liberté, le vieux cheval s'en fut à quelques pas brouter la prairie. Ganuge s'élança vers lui en ouvrant les bras pour le rattraper. Alors, *Apollon* leva le nez, hésita un instant, renifla l'air, et, prenant le vent, partit au galop et disparut comme la veille dans le petit sentier ombreux.

En voyant la figure consternée du jeune homme, la Marquise lui dit en riant :

— Décidément, il aime mieux rentrer tout seul !

— Ce cheval est très dangereux !... — observa sentencieusement madame Lemol — tu ne devrais plus le monter ?...

— En attendant, me voilà à pied comme hier ! — fit Ganuge très ennuyé — Thomas et Barbara sont déjà loin... je ne peux pas songer à les rejoindre !...

— Mais nous allons t'emmener !... — s'écria madame Lemol.

Et elle ajouta, se tournant vers la marquise :

— Si toutefois vous ne trouvez pas que ça charge trop vos ressorts, Madame ?...

— Non !... — répondit madame de Guéray qui riait — mes ressorts sont très solides !...

— Alors, monte, mon bijou ?...

Comme le jeune homme allait s'asseoir sur la banquette du devant, entre son beau-frère et M. Myre, elle protesta :

— Mais non !... Viens au fond... entre Suzanne et moi ?... Ne crains pas de nous gêner !... enfonce-toi bien ?...

Profitant de l'invitation de sa sœur, Ganuge s'installa presque sur les genoux de madame

Myre, et, très haut, de façon à être entendu de
tout le monde, il dit, en lui lançant un regard
fascinateur :

— Aujourd'hui, je suis reconnaissant à mon
cheval de la joie qu'il me procure...

Et il ajouta, mais plus bas et comme si, cette
fois, ce qu'il disait ne devait être compris que de
la jeune femme :

— C'est trop de bonheur pour une seule
journée !

Le landau s'éloigna, suivi de M. de Guéray et
des cavaliers qui dînaient à la Belle-Fontaine,
tandis que les voitures et les cavaliers de Nancy
remontaient le raidillon qui conduit à la route de
Toul.

Jacques et la marquise restaient les derniers
dans la prairie.

Debout, à côté de son cheval, le teint animé,
les yeux fixés sur le chemin où venait de disparaître Suzanne, le jeune homme ne bougeait pas.

— Eh bien, quand tu voudras ?... — demanda
madame de Guéray — si nous ne nous dépêchons
pas un peu, nous ne rentrerons qu'à la nuit...

— Tiens !... c'est vrai !... — fit-il en montant à
cheval — je vous demande pardon, Tante Charlotte, je ne sais pas à quoi je pensais !...

Et, sa tante ne répondant rien, il reprit, poussé
par le besoin de parler de ce qui l'occupait :

— Ou plutôt !... je sais trop à quoi je pensais !...

Est-ce assez bête, hein, de se torturer, de se
rendre malade, et malheureux, et idiot... pour
une poupée qui n'a ni cœur, ni sens, ni âme, ni
rien... rien de ce qui fait la vraie femme !...

— Tu ne sais pas si elle n'a rien de tout ça ?...

— Si... je l'ai bien vu aux Hêtres... le jour des
fleurs... le jour où j'ai pleuré comme un imbécile, parce qu'il venait d'y avoir une... une explication entre nous...

La marquise sourit.

— Une explication seulement ?... Moi je n'ai
jamais su ce qui s'était passé !... Tu as pleuré en
me disant qu'elle ne t'aimait pas... Je t'ai répondu
que j'en étais bien aise, et voilà !...

— Oh !... il s'était passé peu de chose !... Avec
sa coquetterie effrénée, madame Myre a dû s'en
attirer bien d'autres ?...

— Qu'est-ce que tu appelles « peu de chose » !...

— Elle m'a demandé de dénouer un ruban
qu'elle ne pouvait pas dénouer elle-même...
C'était dans le petit rond-point du ruisseau...
vous savez ?... Son parfum me montait à la tête
et ses cheveux volaient contre més lèvres...
Enfin, je ne sais pas comment ça s'est fait...
mais je l'ai embrassée... plusieurs fois... de toutes
mes forces... Et c'est tout !...

— Il me semble que c'est assez !... Et... qu'est-
ce qu'elle a dit ?...

— Elle s'est moquée de moi !... Elle n'a pas eu

un moment d'émotion, ni même de pitié... Elle n'a pas trouvé, en voyant mon chagrin, un mot affectueux à me dire...

— Dame!... Elle était froissée de cette façon de la traiter!...

— Elle?... Ah! bien oui!... Elle était ravie de constater une fois de plus qu'elle attire à elle tous les hommes, même ceux qui, hélas! ne sont plus des novices!...

— Tu la juges mal!...

— Non! je la juge telle qu'elle est!... Et telle qu'elle est je l'aime.... c'est ça qui est horrible!!... Si vous saviez, Tante Charlotte... Je l'aime depuis toujours!... Quand, à mon retour du régiment, je l'ai trouvée mariée, je ne me suis pas aperçu que je l'aimais, mais, sans savoir pourquoi, j'ai pris en horreur ce pauvre Myre, qui est un excellent garçon...

— Un imbécile!...

— Pas tant que ça!... Plus tard, au milieu de mes pires sottises, dans les instants où j'aurais dû le moins me soucier d'elle, j'apercevais sa douce figure, sa bouche en fleur et ses yeux graves... Quand, à Java, j'ai été malade et que j'ai cru mourir si loin et si seul, je n'ai eu qu'une pensée : « Suzanne!... » Et, depuis mon retour... Qu'est-ce que vous avez donc, Tante Charlotte?...

La marquise répondit d'une voix tranquille :

— Mais rien, mon enfant?... Qu'est-ce que tu veux que j'aie?

— Je ne sais pas?... Vous êtes devenue tout à coup pâle... Mais il n'est pas possible que vous ne souffriez pas?... Dans ce moment encore vous êtes verte?...

— Tu rêves!... ou, si je suis verte, c'est le reflet des feuilles au soleil couchant...

— Bien vrai, vous ne souffrez pas du tout?...

Elle répondit en souriant :

— Pas du tout!... Continue donc?... Tu disais que depuis ton retour...

— Eh bien, depuis mon retour, en la voyant sans cesse librement, j'ai continué à l'aimer, sans, toutefois, changer en rien ma vie à cause d'elle... sans même me rendre exactement compte de ce qui se passait en moi... et, dans tous les cas, sans avoir jamais la pensée de toucher au bonheur et à l'honneur de Suzanne... J'ai été, même en imagination, le plus respectueux, le plus bête des amoureux... jusqu'au jour où j'ai vu qu'un autre, moins scrupuleux que moi, avait pris la place que je n'avais pas osé prendre... Alors, je me suis mis à désirer ardemment ce que j'aimais paisiblement... Et je suis malheureux... très malheureux!...

— Je le vois bien!... Suis le conseil que je t'ai donné le jour où tu m'as dit que tu aimais Suzanne...

— Quel conseil?...

— Va en Perse!...

— Non!... Qu'est-ce que je deviendrais loin de vous?...

— Je te suis si utile, n'est-ce pas?...

— Vous savez bien qu'à vous seule je dis mes chagrins?...

— Ah!... c'est vrai!... Je peux servir à ça!...

— Vous êtes fâchée?...

— Fâchée?... Pourquoi?...

— Je ne sais pas!... Vous en avez l'air!...

Madame de Guéray se mit à rire.

— Tout à l'heure, j'étais malade... A présent je suis fâchée... Je crois que tu n'y vois pas très clair, ce soir?...

— C'est possible!... Mais je ne vous trouve pas comme à l'ordinaire... Ainsi, vous venez de rire... Eh bien, ça n'était pas du tout votre bon rire habituel... le rire de Tante Charlotte... Et, tenez, à ce propos, je voudrais vous dire quelque chose?...

— Tu me le diras plus tard!... Voilà le raccourci, prenons-le, et marchons bon train!...

Elle sauta le fossé de la route et entra dans un petit chemin couvert extrêmement étroit. Jacques suivit en criant:

— Mais vous allez vous crever les yeux!... Il y a six mois qu'on ne passe plus par là!... C'est plein de branches!

Elle ne répondit rien et continua à trotter. Tout à coup, elle s'arrêta court, si court que la croupe de son cheval toucha le nez du cheval de Jacques.

— Ah!... mon chapeau!...

De la main droite elle rattrapait son chapeau qui se balançait au bout d'une branche, tandis qu'une cascade de cheveux noirs et ondulés roulait sur la jaquette grise de l'amazone.

— Là!... quand je vous le disais!... — fit Jacques ravi d'avoir raison — que ce chemin était impossible!...

— Recule et ne piétine pas!... Mon peigne est tombé!... il faut le retrouver!...

Le jeune homme descendit et fit reculer son cheval qu'il attacha à un arbre.

Puis il revint en disant d'un air résigné :

— Retrouvons le peigne!

Madame de Guéray avait pris son lorgnon et regardait à terre.

Elle cria :

— Le voilà!... prends garde!... tu vas marcher dessus !...

— Où donc?... je ne vois rien au milieu de toutes ces feuilles mortes...

— Là,... là ! sous ton nez...

— Je continue à ne rien voir,...

— Attends, je vais descendre!...

Jacques s'avança et enleva la marquise de sa selle, en lui prenant, comme il le faisait toujours,

la taille dans ses deux mains. Elle lui parut si
drôle avec sa crinière ébouriffée et son teint clair,
qu'il la tint un instant suspendue en l'air en
disant :

— Dix-huit ans, Tante Charlotte!... Vous avez
l'air d'une gamine!...

Et, avant de la poser à terre, il l'embrassa
gaîment sur les deux joues.

— Laisse donc!... — fit-elle en le repoussant
avec colère — tu as des façons détestables!...

Il demeura stupéfait :

— En quoi, des façons détestables?...

Madame de Guéray avait ramassé le peigne
d'écaille blonde, et sans rien dire, relevait rapidement ses cheveux. Jacques répéta sa question.
Elle répondit d'une voix enrouée :

— En tout!... Tu n'as pas avec moi le ton que
tu devrais avoir...

— Mais, Tante Charlotte, j'ai le ton que j'ai
toujours eu!...

— Eh bien! c'est un mauvais ton, voilà
tout!... Et tu me feras le plaisir de le changer!...

Et, tandis qu'il la remettait à cheval, elle
continua :

— Je suis trop vieille à présent pour que tu...

Il l'interrompit en riant :

— C'est ça!... Parlons un peu de votre vieil-
lesse!... J'ai l'air d'être votre aîné!...

— J'ai les cheveux tout blancs!...

— Moi aussi!...

— Ne faisons pas d'inventaires... ça ne sert à rien!... Es-tu prêt?...

— Oui... mais la route est à deux pas!... si nous la reprenions?... Je crois que votre raccourci nous retarde beaucoup?...

— Fais ce que tu voudras!...

— Tante Charlotte!... — dit Jacques, quand ils cheminèrent de nouveau côte à côte sur la route — ce n'est pas possible, vous avez quelque chose contre moi?...

— Tu divagues!...

Il secoua la tête :

— Que non, je ne divague pas!... Et vous le savez bien?... Tenez, c'est le jour où je vous ai dit que j'aimais Suzanne que ça a commencé?...

— Mais qu'est-ce qui a commencé, sapristi?...

— Ben... votre changement!... Vous n'êtes plus du tout pour moi la même qu'autrefois!... Il n'y a plus, dans votre façon d'être, ni abandon, ni intimité... Et je me demande même parfois... je me le suis demandé tout à l'heure... s'il y a encore de l'affection?...

— Mon cher enfant, je t'aime de toute mon âme!... Si tu étais véritablement à moi, je ne pourrais pas t'aimer plus!...

— Eh bien, alors, pourquoi me repoussez-vous, me rudoyez-vous sans cesse?... Pourquoi évitez-vous toujours à présent les courses en voiture, les promenades avec moi, tout ce qui nous rapproche enfin ?...

— Mais je n'évite rien !...

— Si !... et quand vous ne pouvez pas éviter, alors vous êtes glaciale, indifférente, presque désagréable !... Une autre Tante Charlotte !...

— Tu es fou !...

— Non !... ainsi, par exemple, ce dîner de ce soir !...

— Eh bien ?...

— Eh bien, il y a trois mois, vous auriez été ravie de ce dîner en tête à tête avec moi !... Ç'eût été gai, gentil, affectueux...

— Ne t'attendris pas !...

— Au lieu que ce soir ça sera correct... et froid... et embêtant !... Et si encore je savais à quoi attribuer ça !... Mais non !... rien !... Je ne vois rien !... J'ai beau chercher ?...

— Ne cherche pas, va !... Tu ne trouverais pas !...

Et elle ajouta après un instant d'hésitation :

— Attendu qu'on ne peut pas trouver ce qui n'existe pas...

— Eh bien ! vous direz tout ce que vous voudrez, Tante Charlotte, mais je ne peux pas croire que vous, si bonne, si droite, si juste surtout, vous soyez devenue, de but en blanc, sans motif, mauvaise pour moi...

— Ne dis pas que je suis mauvaise pour toi !...

— Mais vous l'êtes !...

— Oh !... je t'en prie?... — supplia-t-elle douloureusement! — ne dis pas ça !... Tu sais bien que ça n'est pas vrai?...

Frappé de la sincérité de son accent, Jacques s'excusa :

— Pardonnez-moi !... Je ne sais pas ce que je dis, j'ai horriblement mal aux nerfs !...

Ils rentrèrent sans plus parler. Il faisait presque nuit.

Au moment où ils traversaient le vestibule, un domestique apportait les lampes. La lumière frappait en plein la marquise, et Jacques vit qu'elle avait le visage couvert de larmes.

Se penchant vers elle, il demanda tendrement :

— Vous pleurez?... Qu'est-ce que vous avez, dites?...

— Rien ! — dit-elle d'un ton bourru.

Et, montant rapidement l'escalier, elle cria en entrant chez elle :

— C'est-à-dire si !... Je suis comme toi !... J'ai mal aux nerfs !

— Eh bien ! — pensa Jacques en s'arrêtant dans le vestibule pour allumer sa pipe — si on m'avait dit hier que Tante Charlotte avait « des nerfs »... on m'aurait rudement étonné !...

VIII

Pendant la semaine qui suivit le rallye-paper,
Ganuge ne fut pas reçu chez madame Myre. Il
y vint régulièrement tous les jours, et tous les
jours le domestique lui répondit que « Madame
était sortie ».

Suzanne avait eu réellement peur de cet amoureux que, jusqu'à présent, elle considérait comme
peu dangereux, et elle redoutait de se retrouver
seule avec lui. D'autre part, elle s'attristait en
pensant au chagrin qu'elle causait au jeune
homme. Se croyant éperdûment aimée, et se
laissant aller peu à peu à aimer aussi, elle
souffrait de la séparation qu'elle s'imposait.
Chaque jour, avant l'heure où Ganuge devait
venir, elle sortait, nerveuse et inquiète, et, pour
ne pas le rencontrer, gagnait à travers champs la
route de Flavigny. Elle n'osait pas s'enfermer chez

elle, craignant une maladresse des domestiques ou une indiscrétion des petites filles. Et, tandis que le jeune homme, retournant à Nancy, mettait son cheval à l'hôtel et courait rue des Dominicains, à la Pépinière, et dans tous les endroits où il espérait la rencontrer, elle errait dans la campagne et ne rentrait que tard, lasse et énervée.

C'était alors M. Myre qui recevait le contre-coup des préoccupations de sa femme. Tant qu'elle avait filé avec Ganuge le parfait amour littéraire et platonique qui l'enchantait si fort, elle s'était à peu près désintéressée de sa vie habituelle. La jalousie avait disparu. Elle ne tenait plus à savoir le nom de la maîtresse de son mari. Elle ne cherchait plus à le prendre en défaut.

Elle était là, douce et souriante, attendant l'instant où « son cher poète » devait venir, comptant, dès qu'il était parti, les heures qui la séparaient de sa visite du lendemain, et ne s'occupant plus que de lui seul.

Depuis qu'elle ne recevait plus Ganuge, qu'elle n'employait plus quelques heures à l'écouter et le reste du temps à l'attendre, elle se reprenait à vivre de son ancienne vie, et les allures un peu contraintes de son mari, ses sorties furtives et ses rentrées joyeuses l'agaçaient profondément. Elle le voyait reposé et satisfait, tandis qu'elle était agitée et fiévreuse, et elle lui en voulait de sa bonne humeur et de sa tranquillité.

Passant de longues heures à ressasser dans sa pauvre petite tête fatiguée les incidents qui, depuis trois mois, remplissaient sa vie autrefois si vide, elle était parvenue à prendre pour de la vertu ce qui n'était en réalité qu'une profonde terreur de l'amour physique, et à se persuader qu'elle sacrifiait ses sentiments à ses devoirs.

M. Myre, lui, sans être un observateur bien profond, s'aperçut vite que la paix inespérée dont il jouissait depuis quelque temps était sérieusement menacée. Il regarda autour de lui et remarqua un changement dans les habitudes de sa femme. Il apprit, en questionnant les petites filles : « que Maman sortait tous les jours ; que, dès qu'elle était sortie, M. Ganuge arrivait à cheval à la grille, et s'en allait, l'air encore plus triste qu'à l'ordinaire, quand on lui disait que maman n'y était pas. Et qu'une fois même, il les avait appelées, pour leur demander si leur mère ne recevait plus, même à son jour. »

Le banquier comprit tout de suite que la nervosité de Suzanne venait d'une pique ou d'un malentendu entre elle et le jeune homme. D'ailleurs, madame Lemol, qu'il rencontrait trois fois par semaine dans un petit appartement situé rue Stanislas, lui avait laissé entendre que

madame Myre, après s'être montrée très gracieuse pour son frère, semblait avoir changé à
son égard. Bien entendu, « ce cher Gaston » ne
s'était plaint de rien, mais ses amis, Thomas et
Barbara, avaient remarqué sa profonde tristesse.
« C'est qu'il ne fallait pas s'y tromper !... Gaston était une vraie sensitive. Nerveux et im-
pressionnable à l'excès comme tous les grands
génies, il tomberait malade si on le faisait souffrir. »

Et M. Myre qui, ce jour-là, avait trouvé
la femme de l'architecte plus particulièrement
revêche qu'à l'ordinaire ; qui avait dû subir des
tirades admiratives sur le génie du jeune Ganuge
— dans des instants où il ne songeait guère à
lui et où il eût souhaité que sa maîtresse n'y
songeât pas davantage — M. Myre, pratique en
tant que bourgeois et en tant que financier,
s'était décidé à faire renaître dans ses deux
ménages la paix qui dépendait précisément du
même objet. Que le jeune homme rentrât dans
la petite maison de Nabécor, et c'était fait !
Suzanne redevenait la femme indifférente, distraite et commode qu'elle était depuis trois mois,
et Hortense, tranquille au sujet de son frère,
reprenait la nature, sinon aimable et aimante,
du moins fougueusement passionnée qui plaisait
au robuste tempérament du banquier.

Tout en admirant Suzanne et en subissant son

charme pénétrant, M. Myre avait toujours trouvé
à part lui qu'elle était un peu « gnangnan », et
manquait de ce je ne sais quoi qu'Hortense avait,
elle !

Madame Lemol était une petite femme pré-
tentieuse et pointue, qui affectait un flegme
démenti par ses yeux ardents largement cernés,
ses traits heurtés, ses lèvres épaisses et son corps
maigre et raviné.

Tout en elle, quoi qu'elle fît pour dissimuler sa
nature vraie, respirait l'enfiévrement et la bestia-
lité.

C'était ce qui avait plu à M. Myre et l'avait
déterminé à devenir l'amant de cette femme,
laide sans doute, mais vibrante à souhait.

Madame Lemol, en outre, offrait ce double
avantage qu'elle ne coûtait rien et que, jamais,
jamais Suzanne (si on ne l'avertissait pas), ne
découvrirait d'elle-même la vérité. Elle aimait
beaucoup son amie, mais elle la trouvait mons-
trueusement laide et répétait souvent en riant :

— Heureusement pour ce pauvre Lemol, Hortense est trop vilaine !... sans ça, je crois bien
qu'il en verrait de grises !...

En ce qui concernait Ganuge, M. Myre s'était
parfaitement aperçu qu'il faisait la cour à sa
femme et même qu'il lui plaisait, ce qui vraiment
l'étonnait fort. Il ne comprenait rien au langage
du jeune homme — à ce qu'il appelait son « cha-

rabia » — et il savait que Suzanne était moins apte encore que lui à y comprendre quelque chose. Il se demandait parfois, lorsqu'il lui arrivait d'entendre des bribes de conversations où il était question, pêle-mêle, de la lune, des étoiles, de Verlaine, de maux d'estomac, de l'âme et de « *La Raréfaction Vibratile de Moi* », quel plaisir Suzanne, qui, jusqu'à ce jour, n'avait guère su parler que de chiffons, pouvait prendre à écouter ces dissertations pesantes.

Il n'avait pas l'idée qu'un sentiment sérieux pût naître dans le cœur de la jeune femme, et si même il l'avait eue, il fût resté confiant malgré tout. Avec sa nature un peu fruste, il s'entêtait à ne pas considérer qu'une passion, si violente qu'elle soit, puisse outrager le mari, tant qu'elle reste platonique, et il connaissait assez Suzanne pour être pleinement rassuré sur l'impossibilité d'un dénouement fâcheux pour lui.

Ah ! ils pouvaient bien roucouler tant qu'ils voudraient, échanger des fleurs séchées et des poignées de main interminables, parler de Verlaine ou d'autre chose, et se lire des vers idiots qui les faisaient pleurer !... Il s'en fichait pas mal... puisqu'il était sûr que ça n'irait pas plus loin !...

Le soir, en dînant, il dit d'un air indifférent :

— Il me semble qu'il y a longtemps que nous n'avons vu Ganuge ?...

— Oh ! — s'écria la petite Lucy — il vient pourtant tous les jours !...

Et Renée ajouta :

— Oui... mais on ne le reçoit plus jamais !... Maman est toujours sortie !...

Gênée, la jeune femme balbutia :

— J'ai dû, en effet, sortir davantage depuis quelque temps...

Et, après avoir un instant cherché un prétexte, elle reprit :

— Le docteur m'ordonne de faire de l'exercice...

M. Myre demanda avec intérêt :

— Tu n'es pas souffrante ?...

— Non, un peu déprimée seulement !... Je n'ai pas d'appétit...

Après un silence, il dit, poursuivant toujours son idée :

— Ce pauvre Ganuge !... qui vient ici tous les jours sans être reçu !... La première fois que je le rencontrerai, je le ramènerai dîner...

Suzanne ne protesta pas. Au fond, elle mourait d'envie de revoir le jeune homme, et elle préférait le revoir d'abord devant son mari. La présence du banquier ne gênait en rien les conversations sentimentales. Après le dîner, il écrivait des lettres, ou se mettait au courant des revues et des journaux financiers. Un énorme nuage de fumée révélait seul qu'il était là.

Ravie à la pensée de passer une de ces soirées qu'elle aimait tant, de se retrouver en « contact d'âme » avec son poète aimé, elle commença, dès le lendemain matin, à combiner une toilette « vaporeuse »; une toilette comme celles qu'il lui avait dit préférer.

Elle eût voulu rester chez elle pour travailler à sa robe; mais, craignant, si elle apercevait Ganuge à la grille, de céder à son désir de le revoir, comme d'habitude elle sortit.

Dès qu'elle fut seule dans la plaine rase et nue, ses pensées riantes s'éloignèrent et une tristesse lourde la prit toute.

Elle s'assit le long d'un talus en contre-bas de la route de Flavigny, et elle resta là longtemps, écoutant distraitement le roulement des voitures; regardant les feuilles jaunies qui se détachaient des arbres de la route, tombaient en tournoyant, et touchaient la terre dans un bruit de choses froissées.

Elle entendit tout à coup le pas de plusieurs chevaux venant de Nancy. Se levant pour voir qui arrivait, elle aperçut Ganuge, accompagné de ses amis Thomas et Barbara, montés, eux aussi, sur des chevaux du manège, et elle constata avec chagrin que tous les trois étaient absolument ridicules.

Elle s'était vite accoutumée à l'excentricité de Ganuge « à pied ». Elle avait même fini par admirer cette excentricité, qui, croyait-elle, était la marque du génie. Mais, à cheval, elle ne parvenait pas à se faire à ses costumes et à ses poses. Quel que fût son désir de le trouver décoratif et séduisant, elle ne pouvait en le regardant s'empêcher de penser aux figurants des drames à panache qu'elle voyait jouer le dimanche au théâtre de Nancy. Il lui représentait exactement le traître ou le sauveur, qui, coiffé d'un « large feutre », drapé dans un manteau et grimpé sur une maigre rosse, traverse la scène avec difficulté, emportant dans ses bras une cassette ou une jeune fille.

Ganuge passa tout près d'elle. Il causait bruyamment avec ses deux amis. A ce moment, M. Thomas lui demandait :

— Pourquoi n'as-tu pas voulu, cette nuit?... Elle est vraiment gentille, cette petite de l'Éden ?...

Il répondit ces mots que Suzanne entendit distinctement :

— Une fois en passant, ça va !... Mais tous les jours, c'est crevant !... Et puis, cet imbécile de Duplay finirait — si bête qu'il soit — par me pincer...

M. Barbara cria à tue-tête, en haussant les épaules :

— Tu nous la fiches belle, avec le père Duplay !... Quand tu ne vas pas chez Lolotte, c'est que tu as mieux... probablement ?...

Et comme Ganuge protestait, il reprit moqueusement :

— Comment?... Encore rien de fait?... Eh bien, tu y mets le temps, mon Cher!

Les chevaux s'éloignaient et la jeune femme n'entendit plus rien. Mais elle resta atterrée de ce qu'elle venait d'apprendre. Ainsi il avait une maîtresse! lui?... Et quelle maîtresse?... Cette Lolotte de l'Éden!... Une fille vulgaire et mal bâtie, entretenue par M. Duplay! Depuis quand connaissait-il cette chanteuse?... Depuis qu'elle, Suzanne, l'avait repoussé sans doute? Aussi, pourquoi n'avait-elle pas voulu le recevoir?... Pourquoi s'était-elle montrée impitoyable?...

Et tout à coup une crainte la saisit. Il était avec ses amis, donc il ne venait pas de la petite maison de Nabécor!... Lassé, il avait renoncé à ses visites quotidiennes!... C'était fini!... Elle ne le reverrait plus!...

Affolée, elle se leva et rentra en courant presque. Ses filles jouaient dans le jardin. Elle leur cria :

— Il n'est pas venu?

— Qui? — demanda la petite Renée, en essuyant ses mains pleines de terre.

— Monsieur Ganuge?

— Mais si... — dit Lucy — puisqu'il vient tous les jours!...

Suzanne respira.

— Seulement — continua l'enfant — il n'était pas tout seul aujourd'hui !... Il y avait les deux messieurs qui ont dîné ici une fois... ils ont des bonnes têtes aussi à cheval !... Pourquoi ne sont-ils pas comme Monsieur de Guéray... ou Monsieur de Trêne... ou Monsieur Duplay ?... ou tous les autres messieurs qu'on voit à cheval, dis, Maman ?... ils ont l'air en ouate !... ils sont si drôles !...

Renée, qui avait fini de creuser un trou, s'approcha, et, s'appuyant sur sa bêche, déclara :

— C'est égal, c'est encore monsieur Ganuge qui est le plus drôle... à cause de ses vêtements....

Madame Myre n'écoutait plus. Elle monta dans sa chambre et s'y enferma pour rêver à l'aise.

Elle était un peu rassurée par la visite de Ganuge, mais deux phrases entendues sur la route, et auxquelles elle n'avait pas pris garde d'abord, lui revenaient à la mémoire et la troublaient singulièrement :

« — Quand tu ne vas pas chez Lolotte » — avait crié Barbara — « c'est que tu as mieux... probablement ?... »

Et ensuite quand Ganuge protestait :

« — Comment ?... encore rien de fait ?... Eh bien, tu y mets le temps, mon Cher !... »

Qu'est-ce que cela voulait dire ?..

Celui qu'elle croyait uniquement occupé d'elle avait donc, non seulement une maîtresse, mais encore une intrigue qui — paraît-il, — ne marchait pas assez vite au gré de ses amis? L'idée que c'était d'elle-même qu'il avait pu être question dans ces termes grossiers ne se présenta pas à son esprit. Élevée dans un monde correct, parmi des gens honnêtes et délicats, elle ne soupçonnait pas les infamies et les lâchetés familières à une certaine catégorie d'individus. Elle resta inquiète et préoccupée, cherchant rageusement quelle pouvait être « l'autre femme », mais à mille lieues de soupçonner la vérité.

Le lendemain soir, M. Myre, qui avait passé l'après-midi dans le petit appartement de là rue Stanislas, dit à sa femme en rentrant :

— J'ai rencontré tout à l'heure madame Lemol... et je l'ai invitée à dîner pour jeudi avec son mari, son frère, et les deux olibrius qui sont chez elle... Tu pourrais écrire un mot aux Duclos pour les inviter aussi?...

— Ah!... — fit Suzanne qui sentit battre son cœur à coups pressés.

Elle compta les minutes qui la séparaient du dîner et ne retrouva vraiment un peu de calme que quand le jeudi, à sept heures, elle fut assise dans son grand fauteuil, tenant à la main, pour se donner une contenance, « *Les trois Cœurs* », qu'elle rouvrit consciencieusement à la page 39.

Jusqu'à cette dernière minute, elle craignait de

recevoir une lettre lui apprenant que Ganuge était malade, ou qu'il refusait de dîner chez elle.

Quand à son tour M. Myre entra dans le salon pour attendre ses convives, il poussa une exclamation de surprise :

— Peste ! en voilà une toilette !... Je vais aller mettre un habit, moi !... J'avais dit à Hort... à madame Lemol, qu'on serait en veston et en robe du matin...

— Eh bien, — dit Suzanne d'un air contrarié — c'est une robe toute simple !...

— Ah !... bon !... très bien !... Je ne trouvais pas ça, moi !... C'est d'un léger !... d'un floconneux !... Ça me fait l'effet d'une robe de bal taillée dans un nuage...

La jeune femme se leva et alla se regarder dans la glace.

Elle avait une robe de gaze bleue, d'un bleu infiniment doux, et d'une gaze si légère qu'elle semblait une vapeur. Cette robe, décolletée en pointe devant et dans le dos, découvrait le haut de la gorge blanche, et la nuque ronde, d'une excessive élégance, couverte de fines bouclettes cendrées.

Elle se pencha vers la glace, pour chiffonner du bout du doigt les petits cheveux légers qui descendaient sur son front, et elle sourit de joie en se voyant si jolie.

Quand la sonnette de la grille retentit, elle

courut se rasseoir, ressaisissant son livre qui, cette fois, se rouvrit tout seul à la bonne page.

Lorsque, après avoir embrassé madame Lemol et serré la main à MM. Thomas et Barbara, elle leva les yeux sur Ganuge, elle le vit arrêté à quelques pas d'elle, la regardant avec adoration, l'air extasié. Elle lui tendit la main, mais ne répondit pas à son étreinte un peu trop longue. L'air navré, anéanti, il alla s'adosser à une porte, affectant de ne pas dire un mot et de regarder uniquement la jeune femme : se tenant isolé dans cette réunion de sept personnes, comme il se fût tenu dans une foule.

L'arrivée des Duclos ne le tira pas de sa torpeur. Il ne se décida à bouger que quand madame Myre, qui trouvait qu'on manquait de sièges confortables, passa pour en prendre d'autres dans le salon voisin. Alors il la suivit et murmura à son oreille :

— Pardon, Madame, pardon !... J'ai été fou !... Mais je vous jure qu'à l'avenir je serai le plus respectueux des amis !...

Elle ne disait rien, et continuait à remuer les fauteuils. Il reprit :

— Recevez-moi demain, je vous en supplie ?... J'ai été si malheureux depuis dix jours ?...

Elle se tourna vers lui et répondit, la parole brève, la voix coupante :

— Malheureux ?... vraiment ?... Mademoiselle Lolotte vous aurait-elle mis à la porte ?...

Et, passant brusquement devant lui, elle rentra dans le salon, traînant à grand bruit un fauteuil.

D'abord interloqué, Ganuge avait vite repris son aplomb. Il rentra derrière madame Myre, apportant aussi un siège quelconque, et fut s'asseoir ensuite dans un coin ; faisant, à plusieurs reprises, mine de se moucher et de s'essuyer les yeux. Il connaissait trop Suzanne pour croire qu'elle le laisserait souffrir quand, d'un mot, elle pouvait faire cesser sa souffrance. Il « la savait par cœur », et jouait d'elle avec une surprenante habileté.

Il ne se trompait pas dans son calcul. Au moment où on annonçait le dîner, madame Myre s'approcha de la petite table près de laquelle il était assis, et, se penchant pour y poser son éventail, lui dit rapidement, de cette voix émue qu'il connaissait si bien :

— Vous pouvez venir demain !...

Il resta un instant comme suffoqué par trop de bonheur. Puis, posant sur son cœur ses mains croisées, il balbutia tendrement :

— Merci !...

Quand Suzanne, au bras de l'architecte, fut sortie du salon et que son mari l'eut suivie remorquant madame Duclos, les deux amis de Ganuge, qui avaient regardé la scène avec intérêt, frappèrent doucement leurs mains l'une contre l'autre. Et M. Thomas, allant offrir son bras à madame

Lemol, murmura en passant devant le jeune homme : « Bravo, Gaston!... », tandis que Barbara ajoutait, en le prenant par la taille pour entrer dans la salle à manger :

— Cher Grand, tu as joliment bien mené ça!...

A table, la conversation menaçait de languir, comme cela arrive toujours quand, dans un dîner peu nombreux, les convives sont mal assortis. Mais, heureusement, madame Lemol trouva un intarissable sujet :

— Je vous donne en mille à deviner — dit-elle tout à coup à madame Myre — ce qu'a fait votre Marraine?...

Suzanne, qui savait à quel point l'architecte et sa femme étaient antipathiques à madame de Guéray, redouta quelque ennui de ce côté.

— Ma Marraine... — fit-elle inquiète — mais je ne sais pas, moi!...

— Ne cherchez pas ! Vous ne trouveriez jamais, tant c'est invraisemblable !... Je vais vous le dire...

Noyant que la jeune femme attendait, un peu anxieuse, le gros Duclos cria :

— Ne vous agitez pas, allez!... Elle nous a invités à déjeuner!... Il n'y a pas de mal à ça?...

— En effet !... — murmura Suzanne.

Et, stupéfaite, elle répéta :

— Elle vous a invités à déjeuner?

Ganuge intervint.

— Oh! — dit-il ironiquement — il n'y a pas à

prendre un fol orgueil de cette invitation !... Ma
sœur et mon beau-frère ont insisté, le jour du
rallye-paper, pour avoir chez eux les Guéray... le
marquis s'est même décidé à venir dîner avec
nous !... Ils rendent la politesse, voilà tout !...
C'est la carte forcée !...

— Mon Dieu ! — protesta aigrement madame
Lemol — si je les ai invités, ce n'était pas par
désir de les recevoir !... c'est parce que, ayant ce
jour-là même profité de leur voiture, je leur devais
une politesse !

—Mais... — remarqua le brasseur — ils nous
invitent aussi, nous... à qui ils ne doivent rien du
tout !...

— C'est... — ricana Ganuge — pour ne pas
séparer une famille si unie !

— Alors... — demanda Suzanne au jeune
homme — vous y allez aussi, vous ?...

— Mais oui, Madame... j'irai... si vous y allez ?...
Il reprit, après un silence, toujours sur le même
ton ironique :

— Madame de Guéray a poussé l'amabilité
jusqu'à comprendre mes deux amis dans son invitation... elle dit à ma sœur « d'amener ses hôtes,
s'ils sont encore là ».

— Et... — questionna madame Myre — seront-
ils encore là ?...

— Mais certainement ! — s'écria impétueusement madame Lemol, — ces messieurs vont

passer avec nous le mois de novembre... au
moins !... Ils seront aussi bien logés à Nancy qu'à
Belle-Fontaine, et je suis heureuse de voir que,
grâce à leur présence, notre cher Gaston est un
peu moins désespéré !...

Sur un regard de son frère, elle ajouta vivement :

— Cependant il vient de passer une horrible
semaine !... Il ne mangeait pas !... Il s'enfermait
pendant de longues heures...

— Je travaillais !... — interrompit précipitamment Ganuge, comme s'il regrettait que sa sœur
eût parlé de « l'horrible semaine ».

— Alors — demanda M. Myre — le... la Vibra-
tion... le Moi... enfin le machin que vous faites...
ça doit avancer ?...

— Certainement !... — répondit le jeune homme,
gêné par le regard narquois dont l'enveloppait
son beau-frère Duclos chaque fois qu'il était question de son « travail ».

Quand on sortit de table, Suzanne trouva, dans
le courrier arrivé pendant le dîner, une lettre de
sa marraine lui demandant de venir déjeuner aux
Hêtres avec les Lemol et les Duclos.

Ganuge avait repris son attitude habituelle.
Adossé à la cheminée, il parlait — en fumant
force cigarettes — de choses nébuleuses et incom-
préhensibles pour tous, sauf pour ses deux dis-
ciples. Cependant il poussa la condescendance

jusqu'à dire des vers d'un de ses amis. Un génie, celui-là !... un des rares poètes de ce temps ! Et, au premier vers, le brasseur et l'architecte s'en furent causer dans l'autre salon, tandis que leurs femmes se pâmaient d'admiration.

M. Myre, en maître de maison poli, resta silencieux, mais quand son convive se tut, il osa lui demander ce que signifiait la poésie qu'il venait de dire. Ganuge répondit que le sens n'en était pas nettement saisissable, mais que les vers étaient d'une exquise harmonie.

Et pendant toute la soirée, il parla d'un ton triste, lent, un peu chantant, de lui, de ses livres à venir, et de ceux de ses amis.

Suzanne semblait boire ses paroles, et, le soir, en se couchant, le banquier pensa :

— Allons !... tout est replâtré !... Je crois que j'ai pour quelque temps du repos sur la planche !...

IX

Ganuge, le lendemain, vint à pied voir madame Myre. Ses amis Thomas et Barbara l'accompagnèrent jusqu'à l'entrée du chemin de Nabécor. Il leur avait raconté ce qui, la veille, s'était passé entre Suzanne et lui, et ils avaient discuté la conduite à tenir. En quittant Ganuge, ils lui renouvelèrent leurs recommandations.

— Surtout — insista Thomas — si elle n'a qu'un soupçon pour Lolotte, nie comme un beau diable... N'avoue que si elle sait tout !...

— Et n'oublie pas ce qui est convenu — recommanda Barbara — si tu es obligé d'avouer, dis que c'est pour fuir son souvenir... Reproche-lui de t'avoir, par sa cruauté, poussé à de basses amours... mais cependant aie bien soin de laisser entrevoir que ces amours-là ne sont pas dénuées d'agrément... Rends-la jalouse !... On n'a encore

rien trouvé de mieux que la jalousie pour allumer
les femmes...

— Eh! — s'écria Ganuge d'un air découragé
— sais-je ce que je ferai et ce que je dirai?...
Quand je la vois, je ne suis plus maître de ma
volonté?

Depuis un instant, l'idée lui venait de jouer, à
ses amis aussi, la comédie d'une grande passion ;
de les « épater » par le récit coloré et vibrant de
sensations élevées, inconnues de ceux qui, comme
eux, n'avaient guère aimé que dans les brasseries
du Quartier. Il comprenait que ce succès mon-
dain augmenterait son prestige si grand déjà.
Mais il fallait donner à ce succès les allures d'une
vraie histoire d'amour. Il fallait, du moins aux
yeux de la galerie, transformer cette aventure,
dont le dénouement paraissait devoir être indéfiniment ajourné, en passion ardente, tourmentée,
au besoin tragique ! Alors sa fortune littéraire
était assurée d'un seul coup, son nom à jamais
célèbre !

Comme les deux jeunes gens le regardaient,
surpris de ce langage tout nouveau, il reprit :

— Cela vous étonne de me voir ainsi ?...
Moi, qui ne voulais plus croire à rien !... Moi, le
désenchanté de la vie !... Ah ! si vous saviez
combien il est bon d'aimer?... Combien il est
doux de se sentir aimé comme je le suis !... Oui,
jusqu'à ce jour, j'ignorais le véritable amour !...

Tout est pour moi nouveau et délicieux !... Il me semble que je roule éperdu dans un flot de sensations divines...

Et voyant leur stupeur, il ajouta :

— Vous me trouvez changé, n'est-ce pas ?... Ce n'est qu'aujourd'hui que j'ai commencé à lire vraiment en moi-même !... Allons !... elle m'attend !... Adieu !...

Les deux amis restèrent un instant piqués au milieu du chemin, et Thomas dit en montrant Ganuge qui s'éloignait à grands pas :

— Pourvu qu'il réussisse, le Cher Grand !... Quelle âme délicate... et quelle belle organisation !...

— Quel cœur surtout !... — soupira Barbara avec conviction — Comment cette femme a-t-elle le courage de le faire ainsi languir ?...

— C'est une bourgeoise !... Elle ne comprend pas qu'il est criminel de meurtrir cette âme exquise !... Et puis, qui sait ?... C'est peut-être très heureux que Gaston souffre !... son œuvre n'en sera que plus belle...

Les plus désespérés sont les chants les plus beaux,
Et j'en sais d'immortels qui...

— Assez !... — interrompit Barbara — Assez !... Tu me dégoûtes avec ton Musset !... un sensuel... qui ne savait même pas rimer !... Tu as d'ailleurs raison, Musset à part... Il est certain

que la désespérance fait pousser d'admirables
cris...

Il regarda l'heure à sa montre et ajouta :

— Viens-tu prendre un bock?...

Thomas passa son bras sous celui de Barbara,
et, tendrement appuyés l'un sur l'autre, ils descendirent le faubourg Saint-Pierre, en dévisageant grossièrement les petites ouvrières qui
rentraient du travail, sans toutefois s'enhardir
jusqu'à leur parler.

Très émue, nerveuse, préoccupée de ce que
Ganuge allait lui dire et de ce qu'elle allait lui
répondre, Suzanne attendait dans un petit salon
où elle ne recevait personne habituellement.

Loin de gêner, après le déjeuner, la sortie de
son mari par les regards moqueurs et les phrases
ironiques dont elle accompagnait toujours ses
manœuvres de départ, elle s'en était allée, au
contraire, pour lui laisser toute facilité de s'es-
quiver.

Quand Ganuge entra, elle était prête à le
recevoir, mais tremblante et inquiète du résultat
de cette entrevue, tant désirée pourtant.

Dès que la porte fut refermée, il vint, humble
et craintif, s'agenouiller devant elle et lui demander
encore pardon.

Elle lui fit signe de se relever et de s'asseoir,
et resta muette, glaciale, oubliant toutes les
phrases que depuis la veille elle préparait.

Il se décida à parler. Ne voulant pas se compromettre, suivant les recommandations de ses amis, mais désireux de se renseigner sur ce que la jeune femme avait pu apprendre, il demanda :

— Qu'est-ce que cette question que vous m'avez adressée hier au soir... et à laquelle je n'ai pas compris un mot ?...

Voyant qu'elle ne répondait rien, il reprit d'un air dégagé :

— Oui... vous m'avez demandé : « si j'avais été mis à la porte par une demoiselle... Lolotte », je crois ?...

Elle fit oui de la tête.

— Et, — demanda le jeune homme — que signifiait cette question ?...

Suzanne fit un effort pour articuler les mots qui sortirent avec peine de ses lèvres pincées.

— Elle signifie, cette question, que vous avez pour maîtresse une fille appelée Lolotte, une chanteuse de l'Éden... que je le sais, et que j'ai tenu à vous informer que je le savais... Êtes-vous satisfait ?...

— Je ne comprends pas !... Qui vous a raconté cette stupidité ?... C'est faux !...

— Tiens !... Vous me répondez exactement ce que mon mari m'a répondu le jour où je l'ai interrogé... Vous savez bien ?... Le jour où vous m'avez avertie qu'il me trompait ?... Car c'est vous qui...

Le jeune homme l'interrompit. Si dénué qu'il fût de sens moral, il soupçonnait vaguement que, ce jour-là, il avait un peu reculé les limites de la canaillerie permise.

Il demanda :

— Qui vous a si bien instruite de... ce qui n'est pas?

— Vous-même !...

Et comme il la regardait, ne devinant pas, elle lui répéta mot pour mot les phrases dites par lui et ses deux compagnons.

Ganuge, d'abord, se crut « brûlé ». Mais il réfléchit bien vite, qu'en somme il n'y avait, dans ce que Suzanne savait, rien d'absolument précis, et il répondit avec assurance, en plongeant dans les beaux yeux limpides de la jeune femme, un regard lourd de reproches :

— Alors, vous, si fine, si supérieurement intelligente, vous n'avez pas compris que je mentais?... Oui, je mens pour donner le change à ces deux fous... et, à force de ruse et de patience, je suis parvenu à leur persuader que cette fille est ma maîtresse... alors que je n'ai jamais mis le pied chez elle?...

Elle demanda :

— Et pourquoi leur persuader ça?...

— Pourquoi — s'écria Ganuge avec exaltation, —Pourquoi?... pour les empêcher de deviner la vérité !... Parce que, rien qu'en effleurant d'un soupçon mon cher Secret, ils me le rendraient moins idéal et moins pur !... Parce que, pour l'amour de vous, il n'est rien que je ne sois prêt à faire !...

Et il ajouta amèrement :

— Vous le voyez bien, puisque j'ai menti !...

Il voulut se rapprocher de Suzanne, mais elle l'arrêta, demandant encore :

— Et — l'autre histoire ?... Celle où — disait votre ami — « il n'y avait encore rien de fait » ?...

Il n'était pas préparé à cette question. Il se troubla un peu, et répondit en hésitant et cherchant ses mots :

— Ah ! cela... cela, Madame... c'est... c'est autre chose...

— Je le pense bien !... Mais j'ai le droit, ce me semble, de connaître cette « autre chose » ?...

Il s'était remis de son trouble.

— Mon Dieu — dit-il en prenant un air ennuyé — ici, j'ai peut-être poussé un peu trop loin le désir d'égarer les soupçons de mes amis... J'ai compromis... Oh ! vaguement compromis... une femme qui...

Il s'arrêta, jouant l'embarras. Suzanne demanda avidement, pressée de savoir :

— Qui... quoi ?...

— Qui a pour moi une certaine... je ne dirai pas bienveillance... Non, ce n'est pas le mot... Mais enfin, mes amis croient... à tort ou à raison...

que cette dame éprouve pour moi un... sentiment... et ils me reprochent de...

— De quoi?... Mais parlez donc?...

— Eh bien, mais... de n'en pas profiter...

— Ah!... Et pourquoi n'en profitez-vous pas!...

— Parce que je vous adore... et que tout ce
qui n'est pas vous ne m'est rien!...

— Quelle est cette femme?... — demanda
Suzanne d'une voix dure.

— Quelle femme?...

— Celle qui vous aime?...

Ganuge resta court, sentant qu'il s'enferrait de
plus en plus.

— Permettez!... Je n'ai pas dit qu'elle m'aimait...

— Ne jouons pas sur les mots... et dites-moi
son nom?... Je veux le savoir?...

— Mais il m'est impossible de faire ce que vous
me demandez là!...

En effet, il cherchait qui il allait pouvoir nommer. Depuis son arrivée à Nancy, il n'avait guère
rencontré de femmes chez ses sœurs. Très peu
aimables, mesdames Lemol et Duclos n'avaient
pas d'amies. Seules, Suzanne et madame Juvisy
supportaient gentiment les aigres sorties qu'on ne
leur ménageait pas. Il eût été trop invraisemblable de dire que madame Juvisy éprouvait pour
lui un sentiment tendre, attendu qu'elle se sau-
vait du plus loin qu'elle l'apercevait. Cette bonne

grosse commère, fraîche et réjouie, ne comprenait pas les poseurs et les exécrait d'instinct. Si même Ganuge eût été un poseur « réussi », elle l'eût détesté de parti pris, à l'aveuglette.

— Dites-moi son nom?... — répéta Suzanne qui s'énervait visiblement.

Ne sachant comment s'en tirer, il répondit :

— Cherchez?...

— Comment voulez-vous que je trouve?... Je ne peux chercher que parmi les femmes que je sais que vous connaissez... ou que vous avez au moins rencontrées... et je ne vois pas...

Elle resta pensive un instant et reprit :

— Ce n'est pas madame Juvisy?... Elle ne peut pas vous voir en peinture!...

Il répondit niaisement :

— Ça ne signifie quelquefois rien!...

— Comment?... est-ce que... Oh !!!...

Et elle ajouta, riant de bon cœur :

— Ça ne serait pas très... glorieux... d'être distingué par la mère Juvisy!...

Il se sentit ridicule et affirma :

— Ce n'est pas elle!...

— Ce n'est pas non plus — continua madame Myre — la duchesse de Réol que vous avez rencontrée deux fois chez moi?... Celle-là est une sainte, qui ne remarquera jamais ni vous ni personne...

— Aussi n'est-ce pas d'elle qu'il est question...

— Eh bien, je ne vois plus, en fait de femmes du monde connues de vous... que moi et ma Marraine !... Or, comme ce n'est pas elle, je pense...

— Elle s'arrêta tout à coup, étonnée de l'air singulier du jeune homme.

Au nom de la marquise, Ganuge avait flairé un coup à faire. Puisque Suzanne était jalouse — car elle l'était, ça sautait aux yeux — pourquoi ne pas lui insinuer des choses qui l'indisposeraient contre madame de Guéray, dont elle subissait jusqu'ici l'influence ?... Pourquoi ne pas lui laisser entendre ce qu'il serait toujours temps de démentir ensuite ? La marquise lui avait déclaré qu'elle était son ennemie, eh bien, tant pis !... Il la traiterait en ennemie.

En regardant attentivement le jeune homme, madame Myre demanda :

— Vous ne voulez pas, je présume, dire que c'est madame de Guéray qui...

Il répondit froidement, l'air gêné et contraint :

— Je ne veux rien dire du tout !...

Suzanne, stupéfaite, n'écoutait plus rien. Elle s'envolait dans l'impossible.

— C'était vrai pourtant !... Il devait y avoir là quelque chose de « pas naturel » !

Et, de même que Ganuge s'était dit : « Pourquoi ne laisserais-je pas croire que c'est la marquise ?... », de même Suzanne pensait : « Au fait, pourquoi ne serait-ce pas elle ? » — Et mille riens oubliés, mille petits faits effacés lui revenaient à la mémoire, se groupant de façon à faire soupçonner la pauvre Marraine qui n'en pouvait mais.

Pourquoi donc la marquise, qui aimait assez la littérature moderne, avait-elle affecté de traiter si mal un monsieur qui représentait une portion de cette littérature, et non pas certainement la pire ?... Pourquoi, après l'avoir ainsi maltraité au début, se montrait-elle pour lui maintenant aimable au point de l'inviter chez elle ?... Et, dernièrement... cette histoire de cheval échappé, qu'elle avait voulu dissimuler à tous, et qui pourtant valait d'être racontée, ne fût-ce que pour faire rire ?... Dans quelles conditions s'était-il échappé, ce cheval ?... La marquise semblait réellement avoir voulu « étouffer » cette rencontre dans la forêt.

Elle demanda :

— Dites-moi donc pourquoi madame de Guéray n'a raconté à personne la fuite de votre cheval, l'autre jour ?...

Ganuge rougit terriblement, pensant d'abord que sa chute était connue de madame Myre. Puis il devina tout à coup le travail qui se faisait dans l'esprit de la jeune femme, et répondit le plus naturellement du monde :

— Mais je ne sais pas, moi, pourquoi elle n'a

pas raconté ça?... Demandez-le lui, elle vous le dira certainement...

Et, ravi, il fit cette réflexion :

— La marquise ne manquera pas à sa parole, et Suzanne, quand elle refusera de parler, sera très convaincue qu'il y a entre elle et moi des mystères... Seulement, il ne faut pas que madame de Guéray puisse croire que j'ai avoué la chute... Elle avouerait aussi, et je serais gentil, moi?...

Alors il dit :

— Promettez-moi, Madame, que si vous parlez à votre Marraine de l'histoire des fonds de Toul, elle ne saura jamais qu'entre vous et moi il a été question de cette histoire?...

Il y a donc « une histoire »... — pensa Suzanne qui répondit :

— Je vous promets que ma Marraine ne saura rien!...

— Donnez-m'en votre parole?...

— Je vous la donne!...

« Allons — pensa Ganuge — tout va bien !... Elles sont assez bêtes, l'une et l'autre, pour tenir leur promesse.... et voilà qui avancera considérablement mes petites affaires !... »

Il se leva, et, s'approchant de la jeune femme :

— Êtes-vous encore courroucée?... Obtiendrai-je mon pardon?...

Elle murmura :

— Je vous pardonne... mais vous ne recommencerez plus?... plus jamais?...

Et, comme il la regardait sans comprendre, elle continua :

— Dans la forêt, le jour du rallye... j'ai eu peur... horriblement peur !...

Il s'inclina sur la main qu'elle lui tendait, la baisa correctement, l'effleurant à peine de ses lèvres, et sortit en murmurant :

— Je serai, puisque vous l'exigez, le plus respectueux et le plus malheureux des hommes...

Suzanne courut à la fenêtre, qu'elle ouvrit, et quand Ganuge courbé, l'air accablé, traversa le jardin, elle lui cria :

— A demain !

Elle était redevenue confiante, et ne songeait plus qu'à revivre le doux roman interrompu par une intempestive bouffée de passion.

X

— Voulez-vous faire une partie de tennis? — demanda madame de Guéray — Jacques, occupe-toi d'organiser ça, mon enfant, veux-tu ?...

Depuis le déjeuner, elle ne savait que faire pour distraire ses hôtes, qui erraient dans les salons sans avoir l'idée de se promener.

Jacques, assis sur un des coins du billard, s'amusait à faire des carambolages avec sa main. Il répondit :

— J'organiserai tout ce que vous voudrez, Tante Charlotte... mais qui est-ce qui va jouer ?...

— Suzanne... ces messieurs...

MM. Thomas et Barbara protestèrent :

— Nous ignorons le lawn-tennis, madame...

— Vous voyez — dit Jacques — il ne reste que madame Myre... et Ganuge... s'il veut jouer ?...

Et, regardant autour de lui, il demanda :

— Où donc est-il, Ganuge?...

La marquise répondit, en indiquant de la main le jeune homme qui lisait, installé dans la bibliothèque, comme s'il eût été seul chez lui :

— Il se retrempe!... il lit *Adolphe!*...

En entendant parler de Ganuge, Suzanne, qui se balançait dans un hamac, avait relevé la tête et s'intéressait de nouveau à la conversation.

— *Adolphe?* — demanda-t-elle, désireuse de se tenir au courant de ce que lisait « son poëte ». — est-ce que c'est une nouveauté, *Adolphe?*...

— Oh !!! — fit M. Thomas, sincèrement stupéfait, tandis que Barbara répondait ironiquement :

— Pas précisément, Madame, pas précisément!

Elle comprit, au ton du jeune homme, qu'elle venait de dire une bêtise. Mais, au lieu de se taire, poussée par le besoin de paraître occupée de ce qui plaisait à ceux qu'elle admirait si fort, elle reprit :

— De qui est-ce, *Adolphe?*

Ce fut M. Thomas qui répondit impertinemment :

— D'un nommé Benjamin Constant!...

— Ah !... — murmura-t-elle — sentant qu'elle pataugeait de plus en plus — je ne connais pas!

Les deux jeunes gens se mirent à rire.

Jacques haussa les épaules.

— Vous avez bien raison, Suzanne, — cria-t-il

— de ne pas connaître Benjamin Constant, ni bien d'autres !... Ces ignorances-là, voyez-vous, c'est la moitié du charme des femmes !...

Madame Myre le regarda, voulant voir s'il disait vrai. Depuis qu'elle aimait Ganuge, elle souffrait cruellement de son ignorance, ignorance qu'elle jugeait irréparable.

Douée d'un certain bon sens elle se rendait bien compte que, de ces conversations compliquées — qu'elle adorait, d'ailleurs — conversations où Ganuge parlait seul, elle sortait la tête cassée et vide.

Elle faisait des efforts inouïs pour retenir à moitié ce qu'elle ne comprenait pas du tout et répétait de travers, et elle oubliait le peu qu'elle avait su autrefois.

Élevée au couvent, elle avait appris très sommairement l'histoire, la géographie, la grammaire et l'arithmétique. *Athalie*, les tirades « convenables » d'*Esther*, quelques fables choisies de *La Fontaine* et le *Jeune Homme perdu dans les catacombes*, étaient à peu près les seules poésies apprises au couvent. Depuis son mariage, elle avait emprunté à sa marraine Musset, Murger, Baudelaire, madame de Noailles et Rostand qu'elle lui avait rapportés quelques jours après, en déclarant : « qu'elle ne continuait pas, parce que ça n'était pas aussi amusant qu'on le lui avait dit, et qu'elle ne comprenait pas tout. »

De cet essai, elle conservait une grande méfiance des vers, et c'est à peine si ceux de Coppée — où elle comprenait presque tout, — étaient parvenus à réhabiliter la poésie dans son cerveau réfractaire. Elle lisait énormément de romans « intéressants », c'est-à-dire bourrés de faits et exprimant des « sentiments généreux ». Si le héros et l'héroïne n'étaient pas sympathiques avant tout ; s'ils ne roucoulaient pas indéfiniment au bord de l'abîme sans y rouler jamais, alors elle cessait de leur porter aucun intérêt. Les types sincères lui semblaient fades, et la vraisemblance l'ennuyait. « On n'a pas besoin — disait-elle — de lire ce qu'on peut voir tous les jours autour de soi. »

Ganuge, tout de suite, s'était plu à bouleverser de fond en comble les convictions littéraires de la jeune femme. Il lui avait fait comprendre qu'il ne fallait pas avouer des goûts aussi peu raffinés. Il s'était appliqué à lui démontrer toutes les beautés de la poésie dernier cri. Non pas, bien entendu, les beautés des poètes et des écrivains de talent — ceux-là, il les méprisait de toute son âme — mais la grandeur et « l'exquisité » de génies connus seulement de lui et de quelques-uns de ses amis.

Et la pauvre Suzanne, toute frissonnante de honte à la pensée qu'elle ne comprenait pas d'aussi superbes choses, avait avalé la lecture, faite d'une voix chantante et nasillarde, de nombreux sonnets soporifiques et d'un roman absurde, écrit en français de cuisine, intitulé : « *L'incommensurable.* »

Ce roman, surtout, la stupéfia. Mais elle n'osa pas dire ce qu'elle en pensait, et elle crut s'évanouir quand M. Myre, qui en avait entendu lire quelques pages, déclara carrément que : « l'auteur de ce livre idiot devait être un pur imbécile ! »

Pour elle, l'opinion de Ganuge faisait loi. Elle ne comprenait pas que d'autres eussent l'audace de combattre cette opinion.

En entendant Jacques affirmer que « l'ignorance des femmes était la moitié de leur charme », elle s'était imaginé qu'il plaisantait. Déjà l'incident de tout à l'heure prenait dans sa tête une forme très indécise. Elle ne savait plus au juste si c'était *Adolphe* qui avait fait Benjamin Constant, ou Benjamin Constant qui avait fait *Adolphe*, mais elle devinait que l'un et l'autre étaient trop connus pour qu'elle eût le droit de les ignorer.

Elle flairait tout de suite que cet ouvrage — qu'il fût de l'un ou de l'autre — l'ennuirait à mort d'un de ces ennuis profonds, sévères et intenses, qui donnent au livre capable de les faire naître une considérable importance.

Madame de Guéray demanda :

— Joues-tu au tennis, Suzon ?...

La voix de sa marraine la sortit de son engour-

dissement. Depuis plusieurs jours, elle songeait à ce que Ganuge lui avait insinué au
sujet de la marquise. Certes, il était invraisemblable à première vue que le jeune poète plût à
madame de Guéray. Suzanne connaissait l'antipathie instinctive que lui inspiraient les « malingreux », et elle était forcée d'admettre que Ganuge
était un de ceux-là. Elle savait aussi que sa marraine détestait les poseurs et, par-dessus tout, la
sentimentalité.

Mais alors, si la marquise n'éprouvait pour le
jeune homme que les sentiments qu'elle laissait
voir, pourquoi sa singulière attitude dans certaines circonstances et, notamment, à propos du
cheval échappé?...

Suzanne admirait si sincèrement Ganuge; elle
l'aimait avec une si humble conscience de ce
qu'elle croyait son infériorité, à elle; elle était si
vraiment persuadée qu'il étonnerait le monde des
lettres par son génie, qu'elle finissait par trouver
que toutes les femmes devaient fatalement
l'aimer.

Elle se disait bien que la marquise s'était, depuis
longtemps déjà, rangée parmi les vieilles femmes;
que, d'ailleurs, elle pourrait être la mère de
Ganuge; elle se raisonnait de son mieux, et, fina-
lement, pensait :

— C'est vrai!... mais il y a quelque chose tout
de même!... Quoi?...

— Marraine! — demanda-t-elle tout à coup —
dites-moi donc ce qui s'est passé d'extraordinaire
le jour de votre promenade aux Fonds de Toul
avec monsieur Ganuge?...

Bien que surprise à l'improviste par la question,
madame de Guéray répondit très naturellement,
semblant faire un effort pour se souvenir :

— D'extraordinaire?... Il s'est passé quelque
chose d'extraordinaire?... En vérité, je ne sais pas
quoi!...

— Rappelez-vous?... le jour où il a lâché son
cheval?...

— Ah! oui, c'est vrai, il a lâché son cheval!...
C'est ça que tu appelles quelque chose d'extraordinaire?...

— Pourquoi l'a-t-il lâché?...

— Parce qu'il le tenait mal, probablement!...

Ganuge avait entendu qu'on parlait de l'histoire
des Fonds de Toul. Prévoyant un gâchis, il accourait. La marquise l'interpella :

— Monsieur Ganuge, madame Myre veut savoir
comment vous vous y êtes pris pour rendre involontairement, l'autre jour, la liberté à *Apollon?*...
Vous lui expliquerez ça bien mieux que moi!...

Il murmura un peu confus :

— On ne sait jamais comment on s'y est pris
dans ces cas-là!...

Madame de Guéray riait. Le jeune homme, le
nez baissé, semblait infiniment mal à l'aise.

Suzanne s'en aperçut, et les regardant curieusement, elle dit d'un ton aigre :

— Vous avez vraiment l'air de deux complices !...

Le marquis, M. Lemol et le gros Duclos commençaient une partie de billard. Madame Duclos se repprocha de Suzanne et se mit à lui parler de sa sœur Hortense, qui « regrettait bien de n'avoir pas pu se rendre à l'aimable invitation de M. et madame de Guéray. Elle était très souffrante ; le médecin conseillait de la ramener à Nancy ».

— Alors — demanda madame Myre, s'adressant à M. Lemol — vous revenez en ville ces jours-ci ?...

— Demain — répondit l'architecte — je vois que le docteur craint une fièvre muqueuse...

— Parbleu ! — interrompit M. Myre qui semblait d'une humeur de chien — vous vous acharnez à passer l'automne au milieu de ces marécages de la Belle-Fontaine !... c'est atrocement malsain !...

Le séjour des Lemol à la campagne compliquait beaucoup l'existence du banquier. Si une affaire quelconque l'empêchait de se rendre à l'heure fixée à l'appartement de la rue Stanislas, il avait mille et un moyens de prévenir madame Lemol quand elle était à Nancy. A la Belle-Fontaine, tout avertissement devenait impossible.

— Nous allons avoir un bel orage !... — dit M. de Guéray en s'avançant sur le perron.

Depuis quelques minutes, Ganuge allait et

venait comme un ours en cage. Il s'arrêta tout à coup, piétinant et s'étirant comme s'il eût été seul et s'écria :

— Oui... je le sens venir, cet orage !... Il fait vibrer douloureusement chacun de mes nerfs !...

En ce moment, planté au milieu de l'immense pièce, dans une attitude d'un laisser-aller prétentieux, le jeune homme paraissait infiniment laid. Avec ses long bras, noueux comme de vieilles branches, élevés au-dessus de sa tête trop grosse ; ses genoux énormes ; ses grandes mains osseuses ; son cou duveteux et cordelé renversé en arrière, faisant saillir une monstrueuse pomme d'Adam, il était à la fois ridicule et inquiétant.

Comme la marquise regardait avec un souriant dégoût le sans-gêne de Ganuge, Suzanne pensa :

« Décidément, lui et ses amis se trompent !... Elle l'a en horreur !... Constamment elle se moque de lui !... »

Elle ne se reprocha même pas d'avoir sali madame de Guéray d'un vilain soupçon. Elle constata simplement que rien de ce qu'on lui avait insinué n'était vrai, et souffrant de la moquerie qui effleurait son idole — en souffrant d'autant plus qu'elle la sentait méritée — elle fut s'asseoir près de la marquise et, câline, lui dit à demi-voix :

— Les allures de monsieur Gaston vous choquent, Marraine ?... Il faut lui pardonner... il n'est pas tout le monde !...

La marquise répondit brusquement :

— Je ne sais pas s'il n'est pas tout le monde...
mais je suis bien sûre qu'il n'est pas quelqu'un!...

C'était le ton bref des jours de colère. Suzanne
ne répliqua pas, mais M. Thomas s'approcha. Il
avait remarqué que madame de Guéray regardait
moqueusement les poses fantaisistes de son ami,
et, sans avoir rien entendu, il devinait qu'il était
question de Ganuge.

— On est fort à plaindre — dit-il lentement —
de n'être pas organisé comme le commun des
mortels... de sentir violemment, d'aimer, de
pleurer, de souffrir autrement que n'aiment, ne
pleurent et ne souffrent les individus quelconques
qui s'agitent autour de nous!...

Et comme le gros Duclos, qui marquait au
tableau les points de la partie de billard, s'arrêtait
étonné, se demandant à quel propos venait ce singulier discours, il reprit, se mettant cette fois
directement en cause :

— Nous n'avons pas, nous autres, le même
concept de la vie que ceux qui nous entourent!...
La différence est immense entre leurs individua-
lités et les nôtres... et pourtant, il nous faut faire
comme eux, accepter ce qu'ils acceptent, vivre de
leur vie...

Le marquis intervint; M. Thomas commençait
à l'agacer.

— Je ne suis pas de votre avis — dit-il — vous

n'acceptez rien du tout, et vous ne faites que ce qu'il vous plaît de faire!... Un critique, je ne sais plus trop lequel, a donné de « l'état d'âme »... c'est bien ainsi que vous dites, n'est-ce pas?... des grands tristes tels que Rousseau, Byron, et tous les autres tristes venus et à venir, une très jolie définition... Il a dit, en parlant des petites contrariétés de la vie, que l'intensité des sensations transforme, pour les poètes, en véritables douleurs : « Ils vivent comme tout le monde et sentent comme personne » ... Ici, c'est absolument vrai... Mais cette définition ne peut s'appliquer à ceux desquels vous parliez tout à l'heure...

— Et pourquoi donc cela, monsieur? — demanda Ganuge, venant appuyer son disciple.

— Parce que, à mon humble avis, ceux-là, au contraire des autres, « vivent comme personne et sentent comme tout le monde »... ce qui est très différent!

— Monsieur... — s'écria Ganuge indigné — vous ne pouvez pas savoir ce qui se passe en nos cerveaux et en nos âmes!... En amour, par exemple, il n'est pas un de vous qui puisse nous comprendre et nous juger!... Oui — continua-t-il en regardant avec insistance madame Myre — oui, nous aimons avec passion, avec fureur... et si la joie de vivre de notre amour nous est refusée, alors nous savons en mourir!...

— Tenez!... — fit gaîment M. de Guéray, qui

trouvait que la conversation prenait une tournure assommante — voilà encore une des choses que je vous reproche... Vous parlez tout le temps de mourir...

— Eh bien?...

— Eh bien, vous ne mourrez jamais!... Alors non seulement ces propos ne sont pas réjouissants, mais ils ne sont pas sincères... Ceux qui meurent pour tout de bon ne préviennent pas qu'ils vont mourir!...

— Moi... — murmura le jeune homme, comme illuminé et suivant du regard une vision qui semblait marcher devant lui — moi j'ai fait quelquefois un beau rêve!... Aimer une femme... l'adorer... ne plus exister que par elle... la désirer et l'attendre... et, lorsqu'elle se donnerait enfin, au lieu de subir et de lui faire subir les humiliations et les hontes qui accompagnent les amours défendues... au lieu de l'aimer banalement comme d'autres l'ont peut-être aimée... mourir avec elle dans la première étreinte qui la ferait mienne... Mourir !... C'est-à-dire s'endormir dans l'au-delà ensemble, dans un même baiser!...

Suzanne, les joues empourprées, les cils battants et les lèvres tremblantes, s'était dressée, et écoutait Ganuge d'un air extasié.

Jacques la regardait tristement, se souvenant du soir où elle lui avait demandé en riant : « si, pour la posséder, il consentirait à mourir ensuite avec

elle ? » A ce moment déjà, il avait supposé que
cette pensée étrange ne venait pas d'elle ; il en
était sûr à présent. Il connaissait l'extrême sus-
ceptibilité nerveuse de la jeune femme et redoutait
qu'elle ne s'accoutumât à ces lugubres et mal-
saines rêveries.

Un silence avait suivi la tirade de Ganuge. Il
s'adossa à l'un des grenadiers qui fleurissaient
dans les grandes caisses de faïence, et reprit, la
voix tranchante, le sourire amer :

— Seulement, pour espérer la réalisation de ce
beau rêve, il faudrait supposer que les femmes
sont capables d'amour?...

— Mais je le suppose, moi! — dit madame de
Guéray en riant.

Il répliqua avec emportement :

— D'amour?... Allons donc!... Les femmes sont
coquettes! charmeuses!... Elles nous affolent et
nous grisent de leurs regards et de leurs par-
fums!... Elles nous font croire à leur amour pour
provoquer le nôtre... et quand elles l'ont... quand
elles nous tiennent à leur merci... alors, elles
nous repoussent durement, cyniquement... et
elles éclatent de rire en nous disant : « Tout ce
que vous voudrez, mais pas d'amour!... L'amour...
ça fait peur!... »

Suzanne mâchonnait furieusement la tige d'un
œillet blanc. Elle la retira de sa bouche, posa doucement la fleur sur ses lèvres et, avec un sourire

et une tranquillité que sa pâleur et ses yeux brillants démentaient, la lança au jeune homme en criant :

— Bravo !...

Il releva l'œillet tombé à ses pieds et l'approcha de ses lèvres avec affectation.

Ce manège avait irrité la marquise, et non pas tant contre Ganuge que contre Suzanne. Elle constatait une fois de plus la coquetterie féroce qu'elle lui reprochait si fort. La vue du visage bouleversé de Jacques acheva de l'exaspérer, et elle dit, répondant à la dernière phrase du jeune homme :

— Les femmes qui ont peur de l'amour qu'elles ont volontairement provoqué sont des sottes ou des lâches !...

Et comme Suzanne et madame Duclos ouvraient la bouche pour protester, elle continua :

— Je dis : « volontairement » provoqué... car il est bien certain que si un homme s'éprend, par exemple, de la femme qui passe devant sa fenêtre, alors qu'elle ne sait même pas qu'il la voit passer, elle n'est pas coupable d'avoir provoqué un amour qu'elle ignore... Mais si, au contraire, connaissant cet amour, elle l'encourage, semble y répondre, et se complaît à le voir grandir, alors elle est criminelle et mauvaise... à moins que...

Comme la marquise s'interrompait, madame Myre répéta interrogativement :

— A moins que?...

— A moins qu'elle ne paie bravement ce qu'elle doit...

— Sapristi!... — s'écria M. Lemol — vous avez la manche large, chère madame!...

— Que voulez-vous?... A mon point de vue, la femme qui se donne sincèrement, une bonne fois, est plus honnête que celle qui se promet sans se donner... Je ne vous dis pas que la morale approuve cette façon de voir... mais tant pis, je vois comme ça!

Tandis que la marquise parlait, Ganuge regardait fixement madame Myre, et son regard semblait lui dire :

« Vous l'entendez?... Votre marraine elle-même vous blâme et vous condamne... un jour ou l'autre, il vous faudra payer!... »

Le regard du jeune homme pesait si visiblement sur Suzanne qu'il y eut un instant de gêne et de silence, et que M. Myre, pour se donner une contenance, s'en alla considérer attentivement les poissons rouges de la vasque.

Le mois de novembre parut horriblement long et triste à Suzanne. Madame Lemol avait, comme on le craignait, été prise de la fièvre muqueuse, et l'humeur de M. Myre, habituellement égale et joyeuse, se ressentait du changement forcé de ses habitudes. Tous les soirs il rentrait, hargneux et bourru, et, pour la première fois depuis douze ans, parlait durement à sa femme, ne supportant plus les caprices qu'il avait, jusque-là, supportés sans dire un mot.

Froissée, mais au fond, heureuse d'avoir un grief sérieux, un reproche formel et précis à faire à son mari, Suzanne s'était plainte à sa marraine avec une âpreté extrême.

— Que veux-tu?... — avait répondu la marquise — ce n'est pas moi qui t'ai conseillé d'épouser Paul!... Tu l'as fait malgré moi.... mais à présent le mieux est de prendre ton parti de ses

petits défauts?... Ils ne sont pas bien formidables,
en fin de compte... et il t'adore, ce qui est à mes
yeux une grande qualité...

— Il m'adore — s'écria la jeune femme — il
m'adore?... Ah ! vous croyez ça !...

Et elle raconta tout — tout ce qu'elle savait,
du moins — à madame de Guéray.

Son mari avait une maîtresse !... Elle en était
sûre... On le lui avait dit !...

La marquise devina tout de suite « qui » osait
renseigner ainsi sa filleule. Elle l'interrogea sur
les causes de l'abandon de M. Myre et fit tant et
si bien qu'elle là confessa à peu près, et l'amena
à avouer comment son mari avait été contraint
d'aller chercher ailleurs ce qu'il ne trouvait plus
chez lui.

— Ma chère enfant — dit-elle — je ne comprends pas comment tu as permis à quelqu'un de
te parler de tout ça !... Une femme s'abaisse singulièrement à écouter ces racontars ignobles...

Et comme Suzanne faisait un mouvement, semblant protester, elle reprit :

— Je dis « te parler », car, si je t'ai bien
entendue, il ne s'agit pas ici d'une lettre ano-
nyme... mais d'une... conversation que tu aurais
eue avec quelqu'un?... Je crois connaître le drôle
qui s'est permis de t'instruire de ces choses...
moins que personne il en avait le droit...

— Tout ça — interrompit violemment madame

Myre, contrariée de voir que sa marraine soupçonnait Ganuge, — n'excuse pas l'attitude de
mon mari !...

— Ton mari a tort de te mal parler, ça ne fait
pas question... mais il a raison de se mal conduire...

— Oh ! — s'écria Suzanne suffoquée — c'est
vous, vous, qui me dites ça !...

— Mais oui, c'est moi !... Crois-tu qu'un
homme encore jeune doive cesser de vivre de la
vie normale, parce qu'il plaît à une poupée
névrosée telle que toi de se refuser à lui ?...

— Oh !... Marraine, névrosée ?...

La marquise était en colère. Elle trouvait sa
filleule impardonnable. Déjà depuis trois mois
elle souffrait profondément de voir Jacques souffrir à cause d'elle, et elle apprenait maintenant
que, envers son mari aussi, elle s'était montrée
sèche et impitoyable. Ainsi, cette petite femme
— qu'elle jugeait à ce moment sans cœur — rendait malheureux deux hommes honnêtes et bons ;
deux êtres dévoués et affectueux, et leur préférait un individu ignoble ?... Il y avait là, aux
yeux de madame de Guéray, un état maladif et
inquiétant.

A l'exclamation de la jeune femme, elle répondit durement :

— Oui, névrosée... et névrosée « littéraire », à
présent !... La pire femme qui soit au monde !...

Inutile, malfaisante et embêtante à pleurer !...
Voilà ce que tu es en train de devenir, toi si gentiment féminine jusqu'ici...

Et comme Suzanne, les larmes aux yeux, ne
répondait rien, elle continua :

— Il en faut, d'ailleurs, des femmes comme
ça !... Elles conviennent à ces espèces de ratés
qui émergent aujourd'hui de toutes les vases... et
surnageront quand même en dépit de leur impuis-
sance et de leur nullité, parce qu'ils sont venus
en leur temps, et parce que, après tout, ceux qui
les gobent les méritent !... Qu'est-ce que ces
ratés pourraient bien faire de vraies femmes...
qui, au lieu d'aimer seulement avec leur cerveau,
voudraient aimer de tout leur cœur et de tout
leur corps ?...

— Marraine... — murmura Suzanne — je vous
assure que parmi ceux que vous dénigrez si fort
il est de grands cœurs qui savent aimer...

— Ah ! ouiche !... Tâche de ne pas approfondir
ça !... Quelle désillusion tu aurais, ma pauvre
petite !...

En rentrant aux Hêtres, la marquise s'était pré-
cipitée comme une trombe dans la bibliothèque,
où son mari et son neveu lisaient les journaux :

— Vous le saviez, vous deux... que Paul Myre
a un ménage dans quelque coin ?...

— Un ménage... ce n'est pas précisément le
mot !... — répondit imprudemment M. de Guéray,

sans voir que son neveu lui faisait signe de se
taire.

Jacques trouvait qu'avant de répondre, il fallait se rendre compte de ce que savait exactement
la Tante Charlotte. Si elle ignorait le nom de la
femme, il était très inutile de le lui apprendre.

— Ah! — reprit la marquise, — vous le saviez?...
Pourquoi ne me l'avez-vous pas dit?...

— A quoi bon vous le dire... — répliqua paisiblement M. de Guéray — vous voyez bien que
vous l'avez appris toute seule?...

Elle s'écria, agacée :

— Vous avez dit tout à l'heure : « un ménage...
ça n'est pas le mot?... » Alors, qu'est-ce que c'est?...

— Patatras!... nous y voilà! — pensa Jacques.

— C'est... c'est une liaison... ou plusieurs liai-
sons, je ne sais pas au juste!...

— Je ne crois pas un mot de ça!... Voulez-
vous me dire qui?...

— Je le saurais que je ne vous le dirais pas...
à plus forte raison si je ne...

Madame de Guéray se tourna vers son neveu :

— Et toi, Jacques, veux-tu me le dire?...

— Non, Tante Charlotte!...

La marquise n'insista pas. Elle venait de penser
que M. Duplay la renseignerait. Le vieux garçon
savait par cœur les moindres potins de Nancy, et
ce lui était une joie de les raconter.

Jacques devina tout de suite le petit travail qui

se faisait dans l'esprit de sa tante, et il se promit d'aller le lendemain matin avertir M. Duplay de se tenir sur ses gardes. Il savait l'antipathie inspirée à Tante Charlotte par la femme de l'architecte, et redoutait l'explosion de colère qui résulterait de la découverte. Il avait peur du caractère violent de la marquise et de la rapidité de ses décisions.

Si Duplay consentait à se taire, les choses pouvaient traîner pendant quelque temps encore.

Madame Lemol était malade et ne serait pas sur pied avant le départ des Guéray. A Paris seulement, on apprendrait la vérité à la marquise, qui aurait jusqu'à l'été pour se calmer. Et puis, d'ici là, savait-on ce qui arriverait?...

Vers la fin du mois, madame Lemol entra en convalescence, et Suzanne alla chaque jour lui faire de longues visites. Elle lui rendait mille petits services : s'occupant de sa maison et faisant ses commissions dans les magasins ou à la villa de Belle-Fontaine. Partie précipitamment au moment de sa maladie, la femme de l'architecte avait laissé à la campagne beaucoup d'objets qui lui étaient nécessaires et que madame Myre allait chercher.

A toutes ses visites, elle rencontrait Ganuge. Ganuge soumis, réservé, tendre et respectueux.

Lorsqu'elle retournait à pied chez elle, le jeune homme lui offrait de la reconduire et, presque chaque jour, ils traversaient la ville dans toute sa longueur, allant de la place Carrière, où habitaient les Lemol, à la rue de Nabécor.

Ils passaient rue Héré, place Stanislas et rue des Dominicains à l'heure où l'on rencontre le plus de monde, et, les costumes de Ganuge aidant, ils ne passaient pas inaperçus.

Il n'était question dans Nancy que des allées et venues de madame Myre et du « jeune poète. »

Distingué par une des plus jolies femmes de la ville, il devenait tout à fait célèbre et, grâce à ses promenades avec Suzanne, le bruit commençait à se répandre qu'il avait beaucoup de talent.

On parlait de son grand ouvrage. On s'en disait le titre, et quelques admirateurs, croyant que le livre existait déjà, s'en étaient allés demander aux libraires ahuris : « *La Raréfaction Vibratile du Moi.* »

De son côté, Ganuge travaillait activement à compromettre la jeune femme.

Il parlait d'elle avec des larmes dans la voix, mais d'un ton profondément respectueux, à ses amis Thomas et Barbara — qui semblaient installés pour la vie chez l'architecte — et à d'autres amis, étudiants en médecine ou étudiants en droit rencontrés au café.

Quelquefois, sombre, préoccupé, l'œil fixe, le front barré d'un pli, la démarche automatique, il semblait hypnotisé par une terrifiante douleur. Cette pose était celle qui lui coûtait le plus. Une

grande tension d'esprit était nécessaire pour la
conserver, et aussi une tension des muscles de
la face, de sorte que quand il jouait « le grand
jeu », il terminait habituellement la journée par
une colossale migraine.

Un soir, en sortant de l'Éden, une question de
Thomas le cingla, le décidant à presser le dénouement.

Depuis quelque temps, il affectait, lorsqu'il
revenait du café-concert avec ses amis, de les
quitter et de prendre la rue Saint-Dizier, pour
aller — disait-il — envoyer un baiser à la fenêtre
de Suzanne, et en recevoir un d'elle aussi. Il
avait bien pensé à faire entendre que la jeune
femme n'avait plus rien à lui refuser, mais alors
son aventure amoureuse serait l'aventure banale,
l'aventure de tout le monde?... Il serait bour-
geoisement l'amant d'une jolie bourgeoise, voilà
tout!... Aimé comme un autre homme, il ne
deviendrait pas célèbre.

Ce qu'il fallait à tout prix, c'était de l'imprévu,
du tapage autour de son nom!

Alors, il avait, en attendant mieux, inventé
l'histoire du baiser.

Après avoir fait quelques pas dans la rue Saint-
Dizier, il revenait lentement sur ses pas, laissant
à ses amis le temps de rentrer avant lui.

Ce soir-là, Thomas en le quittant lui cria
presque moqueusement :

— Dis donc?... Je ne te demande plus si c'est pour aujourd'hui ou pour demain?... Mais, ça sera-t-il pour ce mois-ci ou pour l'autre?...

Ganuge crut voir que son prestige baissait, et en conçut un dépit profond. Il fallait se décider à agir, préparer le grand coup qu'il devait frapper.

Ce fut d'une voix basse et concentrée qu'il répondit :

— Elle serait à moi depuis longtemps si elle était une femme comme les autres,.. et si je pouvais, moi, me résigner à un partage qui me ferait horreur !... Non !... Suzanne m'appartiendra à moi seul... et nous fuirons loin, bien loin, sous un ciel chaud et bleu...

— Eh bien ! tu sais... — interrompit Barbara en relevant le collet de son pardessus — ça va être le moment de mettre ce projet-là à exécution, car le froid commence à piquer diablement par ici !...

Et comme Ganuge s'éloignait « pour aller envoyer le baiser de chaque soir à madame Myre », le jeune homme, se retournant vers son compagnon, lui avait demandé :

— Pourquoi as-tu dit ça à Gaston?... Tu l'as froissé... il est tellement sensitive !...

— Mais non !... Je veux le presser un peu... il s'endort !... Si nous voulons voir le dénouement de cette histoire — et j'avoue que ça m'in téressera — il faut que ce dénouement ne se fasse pas trop attendre... car enfin... nous ne pouvons pas passer tout l'hiver ici?...

Barbara répondit :

— En effet... nous ne le pouvons pas !...

On sentait un regret dans sa voix. C'est qu'il était très doux de vivre ainsi à ne rien faire, dans un intérieur confortable et hospitalier. Très doux d'avoir de belles chambres claires, de beaux draps bien blancs, et des flambées de bûches immenses qui ronflaient joyeusement. Très doux aussi de manger copieusement d'excellentes choses, et de siroter de la chartreuse à discrétion, sans préjudice des nombreux bocks pris au café en pérorant.

Le « gobelotage » est fort en faveur chez la secte d'admiration mutuelle, où les poètes ne font pas de vers et les peintres pas de tableaux. Les Êtres Supérieurs et Incompris qui composent cette secte laissent volontiers leur génie se noyer au fond des bocks, ou s'envoler dans la fumée des cigarettes, ce qui n'empêche pas la galerie d'admirer ce génie, beaucoup plus probablement que s'il donnait sa mesure en se manifestant. Dans ce monde bizarre, fait des fruits secs de la littérature, de la peinture, de la médecine et du droit, de rédacteurs de feuilles de chou ou de chantage, de « potards » renvoyés, et, en général, de ratés de toute sorte, la paresse s'appelle rêverie et l'escroquerie emprunt. On vit en exploitant la crédulité des fournisseurs — qui croient encore au tableau commandé ou au livre sous presse — et en « tapant » les camarades qui, gagnant de l'argent ou qui, ayant « *du bien de chez eux* », se fourvoient dans ce monde de ratés.

Thomas reprit :

— Gaston adore cette femme !... Son grand cœur s'est donné tout entier !... Pourvu qu'elle soit capable de le comprendre comme il faut qu'il soit compris...

— Oui... — dit Barbara — il y a des jours où sa tristesse me fait peur...

Et il ajouta en poussant un soupir :

— Ah !... C'est qu'il mérite une si belle destinée, notre Cher Grand Gaston !...

Tandis que, en chantant ses louanges, les amis de Ganuge rentraient place Carrière, lui, déambulait par les rues, traçant dans sa tête le plan du roman vécu qui devait le rendre célèbre, beaucoup plus sûrement que « *La Raréfaction Vibratile du Moi.* »

Que pouvait-il faire ?...

Fuir avec Suzanne ?... Oui !... Mais où aller... et que devenir ensuite ?...

Se tuer pour elle... ou, du moins, commencer à se tuer, en ayant bien soin que quelqu'un eût vent de la chose et intervînt à temps pour en empêcher la complète exécution ?...

Éveiller la jalousie de M. Myre?... Il savait qu'au pistolet et à l'épée le banquier tirait comme un sabot... On pouvait essayer sans danger?... Seulement, M. Myre était l'amant de sa sœur Hortense... Il savait que lui, Ganuge, se rendait compte de tout et ne disait rien... Il ne risquerait pas de le mécontenter!... Depuis longtemps, d'ailleurs, il devait s'apercevoir de la cour faite à sa femme et il fermait les yeux!... Et puis, il tenait à sa situation, et ne provoquerait pas un scandale qui l'exposerait à quitter Nancy?...

Quand Ganuge rentra, tard dans la nuit, il avait à peu près décidé ce qu'il comptait faire.

Le premier dimanche de janvier, on tira les rois chez les Myre. On fêtait la guérison de madame Lemol qui sortait pour la première fois.

Au moment où Suzanne, debout près de la table à thé, se préparait à servir, Ganuge s'approcha d'elle.

Depuis le commencement de la soirée, il semblait fébrile, et inquiet. Choisissant le moment où, précisément, la jeune femme était très entourée, il se pencha vers elle d'un air effaré et mystérieux, lui glissa dans la main un billet très apparent, et s'éloigna rapidement. Stupéfaite, elle resta un instant immobile, pétrifiée, n'osant refermer sa main sur le papier, et sentant que tout le monde la regardait. Lorsqu'elle retrouva la force de remuer, elle prit une tasse et courut l'offrir à madame Lemol étendue sur une chaise longue près de la cheminée.

En traversant le salon, elle entendit la petite Lucy, curieuse comme tous les enfants de connaître ce qu'on semble cacher, qui disait à son père :

— Papa !... As-tu vu ?... Monsieur Ganuge a mis une lettre dans la main de Maman ?...

Le banquier n'avait pas l'air d'entendre, alors elle insista. Agacé, il répondit :

— Les enfants ne doivent jamais s'occuper de ce que font les grandes personnes...

Puis il alla rejoindre auprès de la cheminée sa femme et madame Lemol.

La marquise, saisie de ce qu'elle venait de voir, se tourna vers Jacques :

— Qu'est-ce que tu dis de ça ?...

Un peu pâle, et suivant du regard Suzanne qui causait avec volubilité pour se donner une contenance, il haussa les épaules sans répondre.

Alors, madame de Guéray s'impatienta :

— Comment, ça ne t'indigne pas ?... Mais ça ne peut pas continuer... il faut essayer de...

Il l'interrompit :

— Essayer quelque chose contre l'impossible ?... A quoi bon ?...

— Mais — s'écria la marquise — Paul n'a donc rien vu tout à l'heure ?... Il n'a donc pas

compris que ce grotesque s'amuse à afficher sa
femme ?... Je lui parlerai, moi, et quand il saura...

— Il sait !... — dit nettement le gros Duclos.

— Il sait ?... — répéta madame de Guéray
abasourdie. — Ah ça ! qu'est-ce que vous dites
donc, vous ?...

— Je dis — répéta le brasseur — que Myre
est au courant de tout... — Ce tout, je me hâte
de vous le dire, n'est pas grand'chose — mais,
quoi qu'il advienne, il se taira... et il filera
doux... parce qu'il tient à sa tranquillité, et que
jamais, jamais, il ne se brouillera avec mon beau-
frère...

— Pourquoi... — interrogea curieusement la
marquise — Paul ne se brouillera-t-il pas avec
votre beau-frère ?...

— Parce qu'il est l'amant de sa sœur...

— De votre femme ?...?...?... — murmura
madame de Guéray stupéfaite, tandis que Jacques
regardait si M. Lemol n'avait pas entendu.

— Ah non !... — fit le gros homme — pas de
ma femme !... Ma femme est assommante... et
pas meilleure qu'il ne faut, mais elle est honn-
nête !...

— Comment !... — s'écria la marquise ahurie —
c'est votre belle-sœur qui... Oh !... !... !...

L'idée qu'on pouvait être — un beau gail-
lard comme le banquier surtout — l'amant de
madame Lemol, ne lui entrait pas dans l'esprit.

Cette femme, d'aspect vicieux et malsain, la dégoûtait profondément. Elle la regarda, étendue, verdâtre et grelottante, sur la chaise-longue et dit, formulant sa pensée avec son sans-gêne habituel :

— Sapristi !... Je ne voudrais pas être à portée d'elle à six heures du matin... quand elle demande quelle heure il est ?...

Puis, se retournant, elle « attrapa » son neveu.

— Alors, tu savais ça, toi ?...

— Je ne sais pas si monsieur Jacques est au courant — dit le brasseur — mais il y a déjà longtemps que j'ai averti votre mari... Je ne voulais pas avoir l'air de participer à ces cochonneries-là...

Madame de Guéray enveloppa le salon d'un regard étonné et murmura :

— Le fait est que c'est du joli monde !... Le frère, la sœur, le mari !... Quelle salade !...

Et, faisant signe au marquis qu'elle voulait partir, elle ajouta :

— Ils peuvent m'embrasser, car si jamais je rentre ici, je veux être pendue !... Bonsoir, monsieur Duclos, vous êtes un brave homme, vous !...

— Vous aussi, madame de Guéray, vous aussi !

— dit le brasseur, en secouant à la casser la main de la marquise.

Elle éclata de rire et répondit :

— Vous ne savez pas combien c'est vrai, ce que vous venez de dire là !...

Huit jours s'écoulèrent sans que madame de Guéray vînt chez sa filleule, et Suzanne commença à s'inquiéter de ne pas la voir. Elle pensait que la marquise ne lui pardonnait pas l'histoire du billet remis par Ganuge, et elle n'osait pas aller lui demander une explication. D'autre part, ce billet l'avait affolée. Le jeune homme lui annonçait sa résolution de mourir si elle continuait à se refuser à lui, et, bien qu'elle ne crût pas absolument à cette résolution, elle s'en préoccupait cependant. Elle n'avait pas pu le voir seul depuis le jour des Rois ; toujours madame Lemol ou M. Myra assistaient à leurs rencontres.

Ce matin-là, il faisait un temps admirable. Un soleil jaune des jours de gelée ; ces soleils dont les froids rayons semblent s'éteindre avant de toucher la terre. Depuis trois jours le canal était couvert d'une glace épaisse, et, au pont Cassé, le Tout-Nancy élégant patinait.

Suzanne, en s'éveillant, vit le temps et pensa aussitôt :

— Marraine, bien sûr, patinera tantôt ?... J'irai aussi au canal... de cette façon je la verrai... et, comme il y aura beaucoup de monde, elle ne pourra pas me gronder...

Elle savait que madame de Guéray allait très souvent patiner sur le canal, où elle avait plus d'espace que sur la pièce d'eau des Hêtres.

— Je patinerai, moi aussi, — se dit la jeune femme — ça me secouera un peu et ça me fera du bien !... Jamais je ne me suis sentie triste comme aujourd'hui !... Il fait si beau, pourtant !

Elle s'habilla et descendit pour déjeûner au moment où son mari rentrait.

Il s'écria en l'apercevant :

— Ah !... Vous êtes habillée !... Ça se trouve bien !...

Elle demanda :

— Pourquoi ?... Vous avez à sortir avec moi ?...

— Non... pas moi !... C'est Ganuge !...

Très surprise, elle répéta :

— Monsieur Ganuge !...

— Oui... je viens de le rencontrer !... Il doit venir vous prendre à une heure et demie pour aller à la Belle-Fontaine...

Cette fois encore, elle répéta comme un écho :

— Pour aller à la Belle-Fontaine ?

— Voici ce dont il s'agit — expliqua le banquier — Madame Lemol veut avoir des confitures, des effets d'hiver... des conserves... enfin des bibelots restés là-bas... et elle a — paraît-il — compté sur vous pour aller les chercher...

Suzanne frissonna :

— A la Belle-Fontaine... par ce froid ?...

Et, tout de suite, elle reprit avec un peu d'hésitation :

— Et... ça ne... Vous ne trouverez pas ça bizarre ?...

— Quoi donc ?...

— Que j'aille comme ça me balader en voiture avec monsieur Gaston ?...

— Ma chère amie, quand vous vous baladeriez en voiture avec le grand Turc — dont cependant les mœurs ne sont pas renommées pour leur pureté — je serais bien tranquille... vu votre tempérament !... Je ne sache pas qu'il soit au monde une femme plus... réfrigérante que vous !...

Et comme Suzanne le regardait moqueusement, il reprit, ne voulant pas lui paraître dupe :

— Ne vous imaginez pas que je ne vois rien ?... Ganuge vous trouve charmante, vous le dit, vous l'écrit même, je crois... si j'ai de bons yeux ?...

Voyant qu'elle rougissait, il continua, se moquant à son tour :

— Mais, voyez-vous, le jeune Gaston peut bien, si bon lui semble, vous glisser dans la main tous les poulets du monde, et vous suivre tant qu'il voudra dans les coins, en vous regardant avec des yeux cuits !... Moi, les roucouleries sentimentales, les odes aux morts et à la lune, les jamais, les toujours... et cætera pantoufle, je m'en bats l'œil !... Ça n'est pas sérieux !

Madame Myre mordait sans répondre ses lèvres fraîches, quand le timbre de la grille résonna.

— Le voilà ! — s'écria l'ingénieur en allant à la fenêtre.

Suzanne murmura :

— Déjà !...

M. Myre regarda sa montre :

— Eh ! il est une heure vingt !... Nous avons déjeuné tard !...

Ganuge entrait, empressé et presque souriant. Il demanda, s'adressant à la jeune femme :

— Monsieur Myre vous a dit, Madame, quelle corvée on vous impose ?...

Elle répondit, heureuse et rassurée de le voir de si bonne humeur :

— Mais ce n'est pas du tout une corvée !... Je suis très contente, au contraire, de faire cette promenade par ce beau soleil...

— Nous ferons bien de partir le plus tôt possible... Il y a beaucoup de choses à prendre là-bas... Nous en avons pour longtemps !...

— Vous savez ce que nous devons rapporter ?...

Il tira un papier de sa poche :

— J'ai une liste...

Elle se pencha pour regarder :

— Tiens !... — fit-elle surprise — ce n'est pas Hortense qui a écrit ça ?...

Il répliqua, un peu embarrassé :

— Non, c'est moi... sous sa dictée... Elle était très fatiguée ce matin !...

M. Myre demanda vivement, craignant de voir reculer encore les rendez-vous de la rue Stanislas qui devaient recommencer le jour même :

— Rien de grave, au moins ?...

En bon camarade, Ganuge s'empressa de rassurer le banquier.

— Rien du tout !... Elle est absolument remise !... Le docteur lui a permis de reprendre sa vie habituelle...

Puis, pensant que Suzanne allait peut-être s'étonner qu'étant aussi bien guérie, madame Lemol l'envoyât à la campagne au lieu d'y aller elle-même, il ajouta :

— Il n'y a que cette course de la Belle-Fontaine qu'on n'a pas voulu l'autoriser à faire encore...

Quand la jeune femme se fut enveloppée d'un long manteau de loutre, et qu'elle eut posé sur ses cheveux légers une petite toque de fourrure, ornée d'une aile de ramier, ils descendirent. Le banquier les installa lui-même dans le fiacre, un vieux fiacre à cheval, s'assura qu'une des glaces était levée et qu'il n'y avait pas de courant d'air, et cria :

— Amusez-vous bien !... Ne prenez pas froid... et ne rentrez pas trop tard !... Allez, cocher, roulez !...

La voiture partit et M. Myre la suivit un instant en sifflotant joyeusement un air. Puis il tourna au pont du chemin de fer, pour arriver par le plus court chemin à l'appartement de la rue Stanislas.

En entendant le fiacre qui s'ébranlait avec un bruit de vieilles ferrailles entre-choquées, Suzanne se sentit attristée. Ce n'était pas la première fois qu'elle montait dans cette guimbarde étrange. Elle l'avait prise pour aller aux Hêtres, demander les invitations refusées par madame de Guéray. Bien que la voiture fût couverte à cause de la saison, elle reconnaissait ses formes tourmentées, bossuées par les ans, et sa ridicule doublure de perse à boutons de roses, qui, par ce froid, eût fait grelotter un ours blanc. Le vieux fiacre était resté dans sa mémoire inséparable de son aventure avec Jacques de Guéray, et elle remarquait depuis quelque temps le changement de son ami d'enfance, son air chagrin, et le soin avec lequel il évitait de se retrouver seul avec elle.

Et, de l'amoureux éconduit, sa pensée revint à

l'amoureux aimé, qui était en ce moment près
d'elle. Elle le regarda et le trouva vilain, avec
son nez mince rougi par le froid, et mal habillé,
avec son grand col « Robespierre » en fourrure
jaune, un peu pelée, qui montrait çà et là de
petites plaques de peau. Pour la première fois
depuis qu'elle l'aimait, elle éprouva l'impression
de ridicule ressentie le jour où il lui avait été
présenté. Cette impression, toutefois, s'effaça
rapidement.

Ganuge avait pris sa main, et, en descendant
le faubourg Saint-Pierre, la baisait très doucement, paisiblement, sans se gêner, au nez de
tous les passants, à la profonde stupeur des
voyageurs des tramways de Bon-Secours qui
croisaient le fiacre.

L'air ébahi du petit Montreu, debout sur la
plate-forme, ses patins à la main, rappela à
Suzanne qu'elle n'était pas seule. Très contrariée
d'avoir été vue ainsi, elle retira brusquement sa
main. Elle s'attendait à une résistance, mais le
jeune homme s'excusa humblement, doux et
soumis, et, se rencognant respectueusement dans
l'angle de la voiture, ne bougea plus.

XIII

Madame Myre ne se trompait pas quand elle
supposait que la marquise patinerait au pont
Cassé. Elle y était arrivée de bonne heure avec
son mari et son neveu. Il y avait beaucoup de
monde, un monde assez élégant, et surtout beaucoup de femmes et de jeunes filles très agréables
à regarder. Nancy a toujours eu la spécialité des
femmes jolies et bien mises.

Tout de suite, Yvette de Champreu s'empara
de Jacques pour l'atteler à « la perche ». Et c'était
gentil, ce grand garçon dirigeant cette longue
brochette de jeunes filles! La marquise, en le
voyant s'amuser gaîment, souhaita un instant
que son neveu choisît une femme au milieu de
ces jolies créatures. Mais en apercevant la duchesse de Réol qui s'avançait toute pâle, prome-
nant sur les patineurs son doux regard voilé; en
pensant aussi à tout ce qu'elle avait découvert

chez les Myre, elle secoua la tête, reprise de sa vieille rancune contre un sacrement qu'elle n'aimait pas, et pensa :

— Le mariage?... Pouah !!!

En voyant approcher sa cousine Yolande, Jacques avait lâché la perche des jeunes filles pour aller au-devant d'elle.

Depuis qu'il était malheureux et qu'il sentait plus vivement les choses, la pauvre petite duchesse lui inspirait une pitié infinie. Il la voyait, moralement torturée, supporter sans se plaindre jamais toutes les humiliations que lui imposait son mari. Il lisait, dans ses grands yeux ternis, la résignation avec laquelle elle attendait une mort qu'elle savait certaine et terrible quand son enfant naîtrait. Et ce lui était une joie lorsqu'il parvenait à la faire sourire, et à lui faire oublier ses tristesses pendant un instant.

— Je vais vous pousser dans un traîneau !...
— cria-t-il gaîment, en lui tendant la main pour la faire descendre sur la glace.

Mais elle refusa, craignant une chute, et Jacques vit qu'elle cherchait des yeux son mari.

Elle l'aimait encore, et s'il eût daigné l'aimer aussi, à son tour, dans le tas, elle y eût peut-être consenti.

— Madame de Guéray m'emmène avec elle jusqu'à Saint-Nicolas !... Nous reviendrons en voiture !... Papa veut bien !... Venez-vous avec

nous, monsieur Jacques ?... — cria Yvette arquée
sur ses patins, en avançant contre le talus sa fri-
mousse drôlette, coiffée d'une grande capote
directoire.

— Oui, Bébé, j'y vais !... — répondit-il en
riant.

Il était, au fond, touché de la hardiesse tranquille avec laquelle cette enfant lui lançait à
toute occasion son brave petit cœur, espérant
qu'un jour ou l'autre il daignerait l'attraper
au vol. Yvette savait qu'à l'offre de sa main,
Jacques de Guéray avait répondu qu'il ne voulait pas se marier. Et elle avait eu d'abord un gros
chagrin parce qu'elle craignait qu'une passion
profonde ne fût la cause de ce refus. Mais, voyant
sans cesse le jeune homme, elle jugeait, à la
liberté de sa vie, qu'il était sans attache sérieuse,
et elle se reprenait à espérer. Avec cette ténacité
et cette bravoure des jeunes filles très innocentes,
elle s'entêtait à s'offrir quand même, sans souci
de se compromettre. Qu'est-ce que ça lui faisait,
puisqu'elle était bien décidée à n'épouser personne si elle n'épousait pas monsieur de Guéray ?

Et Jacques, occupé ailleurs, l'aimait tendrement, mais comme une gentille petite amie qui
ne compte pas ; heureux cependant quand, sans
trop se gêner, il pouvait lui faire plaisir.

La marquise s'était assise sur la berge, et,
tout en attachant ses patins, elle réfléchissait.

Ainsi Jacques était passionnément aimé! D'elle d'abord, qui l'enveloppait d'une affection profonde, faite d'un amour de mère et d'un amour de femme ; et aussi de cette adorable petite fille, pétrie dans une jonchée de roses-thé et de fossettes, qui l'aimait assez tendrement pour crier son amour sur les toits. En regardant Yvette, la marquise se disait que la jeune fille, la vraie, celle sans examens et sans maquillage, ignorante comme une petite carpe et fraîche pour tout de bon, la jeune fille « nature » en un mot, est bien le plus intéressant et le plus délicieux petit animal qui soit.

Et elle songeait, la Tante Charlotte, que tandis que ces deux créatures, l'une presque une vieille femme, l'autre presque une enfant, ne pensaient qu'à Jacques et ne vivaient que pour lui, lui, ne pensait qu'à Suzanne.

Elle était prête et se levait pour rejoindre Yvette, quand elle s'entendit appeler du haut du pont.

Un monsieur, debout dans une voiture arrêtée, lui faisait des signes. Elle prit son lorgnon et reconnut tout de suite un très beau cheval gris qui appartenait à M. Duclos.

— Ah çà!... qu'est-ce qu'il me veut, le père Duclos?... — pensa-t-elle.

Le brasseur avait remis les guides à son domestique et descendait le plus vite qu'il pouvait —

en filant de côté comme un crabe — le raidillon gazonné qui conduit du pont au canal.

Madame de Guéray remonta la berge et fit quelques pas au-devant de lui, marchant difficilement sur ses patins.

En s'approchant du gros homme, elle fut frappée de sa physionomie bouleversée.

— Qu'est-ce qui vous est arrivé?...

— A moi, rien, Madame!... Mais c'est mon beau-frère... et madame Myre... Je crains quelque scandale... ou quelque malheur!...

— Mon Dieu! — murmura la marquise en s'adossant au talus, la tête vide et les jambes fauchées — Quoi?... dites vite?...

— Voici ce que j'ai appris... Ce matin, mon beau-frère s'est promené dans Nancy avec ses deux jolis cocos d'amis... — qui m'ont l'air aussi de rudes saltimbanques, ceux-là!... — cherchant dix mille francs que, comme bien vous pensez, les banquiers ne leur ont pas allongés sur leur bonne mine!... Gaston semblait agité et répétait : « Il me faut ces dix mille francs pour partir avec elle!... » Quand il a vu qu'il était impossible de trouver de l'argent, il est allé chez un pharmacien demander quelle quantité de laudanum il fallait pour empoisonner deux personnes...

— Comment, « deux » personnes?... — demanda madame de Guéray horriblement inquiète.

— Oui... deux!... Le pharmacien lui a répondu

que ce renseignement n'était pas utile à donner,
et l'a congédié... Alors il a couru chez un ar-
murier, et il a acheté un revolver...

— Et puis?...

— Et puis, il a pris un fiacre à la gare... et il
est allé chercher madame Myre pour l'emmener
à la Belle-Fontaine, faire, soi-disant, une commission pour ma belle-sœur...

— Comment savez-vous ça?...

— Je viens de chez les Myre!... Myre était
sorti, mais la femme de chambre et les petites
m'ont raconté ce que je vous dis là...

— Il faut courir là-bas! Où est mon mari?...
Il était ici tout à l'heure!...

— Je ne le vois pas!...

— Eh bien! cherchez-l... et amenez-le à la
Belle-Fontaine...

— Et vous?... — demanda le brasseur en
voyant la marquise se lancer sur la glace — et
vous?

Elle lui cria en filant comme une flèche :

— Moi, j'y serai avant vous!...

— Tiens!... fit Yvette — ce n'est guère le
chemin de Saint-Nicolas qu'elle prend, madame
de Guéray!...

— Elle nous plante là!— répondit Jacques —
rattrapons-la!...

Ils partaient pour rejoindre la marquise,
M. Duclos les arrêta :

— Laissez!... Ne la suivez pas !... Elle va faire une course !...

— Une course !... — s'écria Jacques étonné.

Et il ajouta, en regardant madame de Guéray qui disparaissait au loin :

— Il y a vraiment des jours où elle a l'air d'avoir un petit hanneton, la Tante Charlotte !...

XIV

Jusqu'à Champigneulles, Ganuge était resté
immobile dans son coin, laissant osciller sa tête
aux cahots de la voiture, tellement silencieux
qu'à plusieurs reprises Suzanne le regarda pour
voir s'il ne dormait pas. En traversant le village, il abaissa la glace et regarda la grande
rue.

Elle était presque déserte. Seul, devant l'auberge, un fiacre stationnait. En dépassant ce fiacre,
le jeune homme se pencha à la portière, et
Suzanne, qui s'inclinait aussi pour voir, se rejeta
vivement au fond de la voiture.

Ganuge devina son mouvement et, rentrant sa
tête, se tourna vers elle, le visage encore souriant, comme s'il conservait un sourire adressé
au dehors.

— Qui donc est dans ce fiacre? — demanda-
t-elle inquiète.

— Quel fiacre ?...

— Celui qui est arrêté là ?... Il m'a semblé reconnaître monsieur Thomas et monsieur Barbara...

Il répondit avec assurance :

— Vous vous serez trompée !... Que viendraient-ils faire à la campagne par un froid pareil ?...

— C'est vrai !... Cependant, il est difficile de les confondre avec d'autres...

Effectivement, sans être aussi bizarrement accoutrés que Ganuge, les deux jeunes gens avaient encore d'assez singulières silhouettes pour être facilement reconnus.

La voiture tourna dans le chemin qui longe le parc de Champigneulles, et s'engagea dans la vraie campagne.

Suzanne pensait que, dans cette solitude, son compagnon allait s'enhardir. Elle fut toute surprise de le trouver aussi réservé. Il semblait qu'il prît à tâche de ne pas l'effaroucher.

Étonnée, piquée presque, de cette attitude et de ce silence un peu trop respectueux à son gré, elle dit en souriant :

— Comme vous êtes raisonnable aujourd'hui !... Je ne vous reconnais plus !

Il répondit, en la regardant bien en face :

— Vous m'avez dit un jour que mon amour vous faisait peur !... Vous m'avez fait promettre

de ne plus vous témoigner cet amour... Je tiens
mon serment!

Suzanne resta un peu dépitée. Au fond, elle lui
en voulait de tenir si scrupuleusement et si facilement sa promesse.

Sa coquetterie ne s'accommodait pas du tout
de cette froideur. Elle aimait ces longs baisers
qui chatouillaient doucement ses doigts, et lui
causaient une impression de bien-être tranquille,
sans jamais l'énerver ni lui souffler aux joues une
bouffée de chaleur. Elle avait pris l'habitude, au
début de ses relations avec Ganuge, de ces
caresses ferventes qui semblaient s'adresser à une
idole vénérée, plutôt qu'à une femme aimée et
désirée. La brutalité du jeune homme le jour du
rallye paper, l'espèce de rupture qui s'en était
suivie, avaient supprimé ce marivaudage caressant, et Suzanne regrettait fort d'avoir été si bien
obéie.

Après un silence, comme il ne bougeait pas, ce
fut elle qui, avec une grâce câline, lui prit la
main et la posa gentiment contre sa joue en
disant:

— Vous savez fort bien ce que j'entends par :
« Ne pas me faire peur ? »

Et elle ajouta :

— Voyez si je suis bonne... car je devrais vous
en vouloir beaucoup de ce que vous avez fait
l'autre soir ?...

— Ah!... qu'ai-je fait l'autre soir?...

— Ce billet que vous m'avez remis... devant tout le monde...

— Personne ne l'a vu!...

— Si... mon mari, d'abord...

Il fit un geste qui signifiait :

— Ça m'est égal!...

Elle reprit :

— Et aussi votre beau-frère Duclos... et Marraine... et Jacques!... Pourquoi cette imprudence, quand vous pouviez me parler librement chaque jour?...

— J'étais fou!... Je n'ai plus ma tête à moi!... D'ailleurs, c'en est, grâce à vous, fini de ma tranquillité, fini de mon travail!...

Il poussa un sourd gémissement et cacha sa tête dans ses mains d'un geste désespéré.

— Voyons!... — murmura la jeune femme en se serrant affectueusement contre lui — voyons!... ne soyez pas ainsi... Si vous saviez quelle peine vous me faites!...

Il subit le contact de ce corps souple avec une indifférence qui énerva Suzanne.

Elle reprit :

— Pourquoi aussi, dans ce billet, me disiez-vous toutes ces méchantes choses qui m'ont fait tant de chagrin... qui m'ont si fort inquiétée?...

Il écarta ses doigts, et lui montrant son visage tiré par un mauvais rire :

— Ah!... vraiment !... Je vous plains beaucoup !... Si je vous ai dit ce que vous appelez ces « méchantes choses », c'est que ces choses sont vraies, et que je voulais faire à... je ne dirai pas à votre cœur, je crois que vous n'en avez pas... mais à votre humanité, un dernier appel...

Elle balbutia :

— Non !... ce n'est pas possible !... Vous n'avez pas songé sérieusement à vous tuer ?...

Il répondit en ricanant :

— Vous croyez ?... Eh bien, vous verrez ça ?...

Madame Myre se rencogna dans son coin, prise d'un malaise, d'un regret d'être venue, d'une sorte de vague peur.

La voiture s'engageait dans la petite montée qui mène à la villa.

Ganuge dit :

— Nous sommes arrivés !...

Elle répondit, sans même savoir qu'elle parlait :

— Ah ! tant mieux !...

Le fiacre s'arrêta devant le perron. Ils montèrent les marches et le jeune homme ouvrit assez difficilement la porte. La clef tournait mal dans la serrure rouillée.

Suzanne s'arrêta un instant avant d'entrer, et dit, en regardant la forêt toute blanche :

— C'est beau, cette neige, mais c'est triste malgré le soleil !...

Puis, s'avançant dans la maison, elle s'écria :

— Ah !... qu'il fait sombre et froid !...

Ganuge allait la suivre. Il revint tout à coup sur ses pas et héla le cocher.

— Eh !... Vous savez, vous attendrez longtemps !... Si vous voulez vous abriter... il y a une remise ouverte ?...

L'homme, qui était en train de couvrir son cheval, remercia :

— Pas la peine, monsieur !... Il fait encore moins froid au soleil pour le cheval... Moi, je vas faire un somme dans la voiture !...

— Comme vous voudrez !... — dit Ganuge qui entra dans la maison et referma la porte à double tour.

Suzanne attendait dans l'obscurité du vestibule. Elle ne remarqua pas qu'il fermait la porte à clef.

Distraite, elle pensait au vieux fiacre ridicule ; à Jacques ; à ses petites filles ; à sa marraine ; à « *La Raréfaction Vibratile du Moi* » ; aux deux hommes, qu'elle avait cru apercevoir devant l'auberge de Champigneulles. Elle associait tout cela pêle-mêle, sans savoir comment. Et elle se sentait la tête douloureuse et les jambes cassées.

Ganuge s'avança dans le vestibule, et demanda :

— Où êtes-vous ?...

Elle répondit, tirée de sa rêverie :

— Ici !... Mais je ne trouve pas l'escalier...

avec ces volets de bois, on ne voit rien ni ciel ni terre !...

— Attendez !... j'ai des allumettes !...

Ils montèrent. Arrivés au premier, il ouvrit la porte d'une pièce dans laquelle on distinguait un grand lit. C'était la chambre à coucher de madame Lemol. Au lieu de volets pleins, il y avait des persiennes, et la toute petite lueur qui entrait dans l'appartement était suffisante pour s'y diriger sans se heurter aux meubles. Il alluma les flambeaux de la cheminée.

— Pourquoi — demanda Suzanne — n'ouvrez-vous pas les persiennes ?...

Il répondit :

— Il fait trop froid !...

Elle s'approcha d'une grande armoire Lorraine qu'elle ouvrit :

— Nous avons, je crois, à prendre ici des fourrures ?...

Comme Ganuge ne répondait pas, elle se retourna et le vit agenouillé devant la cheminée, occupé à y entasser des bûches. Elle s'écria :

— Vous n'allez pas faire du feu ?... Nous n'avons à rester qu'un instant dans cette chambre ?

Se relevant, il s'avança vers elle, et, d'une voix singulièrement altérée :

— Un instant ?... Vous, peut-être ?... Mais moi, j'y resterai longtemps... car je vais m'y tuer...

Elle balbutia :

— Vous y tuer ?...

Il répondit, en tirant de sa poche un revolver qu'il posa sur la cheminée :

— Oui !... je vais me tuer devant vous... si vous ne voulez pas être à moi ?...

Elle vint à lui, câline et suppliante :

— Pourquoi me faire peur... me menacer ainsi quand vous savez que je vous aime... que je vous aime tant !...

Il la repoussa violemment :

— Moi aussi, Madame, je vous aime... et c'est pour ça que je veux en finir !...

Et comme elle se rapprochait, cherchant à lui passer autour du cou ses bras, il la prit par les poignets et demanda, en fixant sur elle un regard exalté :

— Si vous vouliez, pourtant ?...

Elle détourna la tête, gênée par la fixité de ce regard, qui lui communiquait un peu de son exaltation.

Il répéta, la serrant avec force :

— Si vous vouliez, Suzanne ?... Ma Suzanne adorée ?...

Elle releva les yeux sur lui, et il lui parut transfiguré. Son teint gris prenait, à la lueur du feu, une coloration empourprée, et son regard, habituellement terne, devenait lumineux. Et puis, cette douleur la touchait, et les paroles de la marquise lui revenaient à l'esprit :

« Si une femme provoque un homme à l'aimer... si elle encourage son amour... si elle
semble y répondre et se complaît à le voir grandir, alors elle est criminelle et mauvaise... à
moins qu'elle ne paye bravement ce qu'elle
doit ?... »

— Pourquoi, après tout, ne payerait-elle
pas !... Son mari ne l'aimait plus ! Elle était,
depuis ses longs entretiens avec Ganuge, écœurée
de tout ce qu'elle avait aimé jusque-là. A Dieu,
elle ne croyait plus guère, et au devoir, elle
ne croyait plus du tout.

Alors, pourquoi ne pas causer à cet être, qui
semblait ne vivre que pour elle, une grande joie
en se donnant à lui?... Mais toujours la peur
revenait, et elle s'avouait que ce qui l'avait surtout séduite dans le jeune homme, c'était le
mépris qu'il affichait pour l'amour charnel. Elle
adorait s'entendre répéter qu'elle était jolie ; s'entendre lire des livres qu'elle ne comprenait pas
et auxquels elle affectait de s'intéresser passionnément. Elle était profondément flattée d'être
distinguée par un être supérieur et qui,
croyait-elle, n'avait qu'à faire un signe pour
amener à ses pieds toutes les femmes. Mais
quoique, à présent, elle aimât, elle aussi, elle
eût vivement souhaité que les choses pussent en
rester là.

Ganuge, prosterné à terre devant elle, lui étreignait follement les genoux. Il, la suppliait du regard, et, comme elle restait silencieuse, absorbée et sombre, il crut qu'elle hésitait à trahir ses devoirs ; que l'idée de se retrouver en présence de son mari, de ses enfants, de ses amis, après avoir été coupable, lui était odieuse. Et comme, d'ailleurs, il tenait à un tapage quelconque, il demanda :

— Vous souvenez-vous, Suzanne, des « *Amants de Montmorency* » de notre Grand Vigny... que si souvent nous avons lus ensemble ?...

Elle fit signe qu'elle se souvenait.

Il reprit :

— Voulez-vous que nous mourions comme eux ?... Voulez-vous que notre premier baiser s'exhale dans notre dernier soupir ?...

Depuis huit jours, Ganuge s'exerçait, avec le revolver de son beau-frère, à chercher les places où l'on pouvait se blesser sans danger. Pour lui, il avait trouvé. Il était sûr de ne pas s'endommager gravement ; mais il n'avait pas songé encore que si Suzanne était blessée aussi, l'aventure serait beaucoup plus retentissante.

— Bah ! on pouvait l'atteindre au bras... ou au doigt... Enfin lui faire une légère égratignure ?...

Il répéta :

— Mourir ?... Ce serait si bon, ma Suzanne !...

Elle répondit avec effroi :

— Et mes petites filles?.. C'est horrible, ce que vous dites là !... Je ne veux pas mourir, moi !...

Et sa nature de bourgeoise, paisible et ignorante, reprenant le dessus, elle ajouta, inconsciente de l'énormité de sa réponse — étant donné l'état d'âme que lui supposait Ganuge :

— Tout ça, c'est bon dans des livres tristes !...

Cette façon de traiter la littérature sentimentale qu'il respectait si fort exaspéra le jeune homme. Il regarda durement Suzanne avec un sourire de dédain. Mais elle était si jolie, debout au milieu de la pièce, emmitouflée dans sa fourrure, qu'en même temps qu'il se prenait à détester son âme — qu'il jugeait à présent banale — il se prenait pour la première fois à désirer violemment sa beauté. Il réfléchit un instant, les lèvres pincées, l'œil sévère, et dit froidement :

— Alors c'est fini !... Je vais vous dire adieu !...

Il prit le revolver posé sur la cheminée, bien décidé à la tuer, « elle », si elle ne se donnait pas. Tant pis !... Il la voulait, à présent, et il l'aurait morte ou vivante. Mais la jeune femme étendit la main, et dit d'une voix blanche :

— Vous savez bien qu'en me menaçant de vous tuer, vous me forcez à vous obéir?... Faites de moi ce que vous voudrez...

Les bras étendus, il s'avança vers elle, témoignant une joie qu'il n'éprouvait pas.

L'idée de ce double suicide — simulé en ce qui le concernait — lui souriait singulièrement au point de vue de sa célébrité, et il n'éprouvait pas le plus léger sentiment de pitié pour la pauvre petite femme, qui attendait toute craintive qu'il fît comme elle l'avait permis : « ce qu'il voudrait d'elle ».

L'abandon que Suzanne se résignait à lui faire de sa personne, bouleversait le plan qu'il traçait dans sa tête depuis un instant. A présent, il la tenait blottie entre ses bras, s'offrant à lui avec une grâce timide. Il dit en baisant ses cheveux : « Merci ». Puis, l'écartant, il commença à enlever rapidement son pardessus, son veston et sa cravate. Voyant qu'elle le regardait, surprise, ne bougeant pas, il se retourna.

— Eh bien... vous ne vous déshabillez pas, vous aussi?

Docilement, elle enleva son manteau de loutre et sa toque, puis elle s'assit et, immobile, elle attendit.

Il demanda en riant :

— C'est tout ce que vous ôtez?...

Elle fut choquée de ce ton qu'elle jugea déplacé. Elle regardait le jeune homme, qui, à demi déshabillé, allait et venait dans la chambre. Elle l'avait trouvé presque beau tout à l'heure,

quand il lui disait son amour et ses souffrances;
elle le trouvait horrible maintenant, et, qui plus
est, atrocement ridicule, avec ses bottines déboutonnées et sa chemise remontée, qui bouffait dans
son dos.

En passant devant elle, il se pencha pour l'embrasser, et, en le voyant de près, elle fut prise,
malgré sa tristesse et son appréhension, d'une
espèce de fou rire nerveux.

Sa mobilité d'impression fit passer devant ses
yeux les images les plus folles. Les comparaisons
les plus cocasses se pressèrent dans sa petite tête.
Elle trouva que, avec son long cou plissé, il ressemblait d'une façon surprenante à un vieux marabout déplumé, qu'elle avait connu dans son
enfance au Jardin d'acclimatation. Une des pattes
de l'oiseau, brisée d'un coup de pierre par des
gamins, était remplacée par un roseau qui
s'émoussait en marchant. Ganuge, avec les bottines déboutonnées qui terminaient ses jambes
grêles, avait tout à fait la tournure du vieux
marabout. Et elle revoyait cette bête, oubliée
depuis plus de vingt ans, aussi nettement que si
elle l'avait vue la veille.

Et puis, dans le mouvement qu'il avait fait en
se courbant, sa chemise s'était entr'ouverte, montrant une poitrine osseuse et velue. Cette poitrine
faisait songer Suzanne à un dessus de vieille malle;
do cos malles à bandes de poil, comme on en

voit encore quelques-unes dans les bagages pro-
vinciaux, à côté du sac de nuit sur lequel est brodé
un petit chien en tapisserie ou un cochon d'Inde
mangeant une feuille de chou.

Elle regardait aussi le nez de Ganuge, et ce
nez, rougi par le froid, les bocks et les innom-
brables petits verres de chartreuse, lui paraissait
épouvantable. Sillonné de petites veines rondes
sanguinolentes, on l'eût cru taillé dans l'envers
d'une feuille de bégonia.

Contre ces visions grotesques, madame Myre
luttait, fermant les yeux, et cherchant à retrouver
la physionomie du jeune homme telle qu'elle la
voyait habituellement. Et, soudain, elle poussa
un cri, parce que, brutalement, il venait de la
saisir.

Le visage allumé, les lèvres tremblantes, Ganuge
essayait de l'emporter dans ses bras. Elle eut peur
de sa figure grimaçante et, se raidissant, se débattit
contre l'étreinte qui l'étouffait. Alors, il se pencha
sur elle, et, son visage touchant presque le sien,
il lui cria, cherchant à l'entraîner :

— Je vous adore!... Venez!...

Les cheveux de Suzanne volèrent au souffle
tiède de cette haleine fétide. Elle respira l'odeur
de cigarette et de bière qui lui répugnait tant. Et,
soulevée de dégoût, elle éloigna Ganuge en murmurant, suppliante :

— Attendez!... pas encore!... J'ai peur!...

Il demanda :

— Peur?... De quoi as-tu peur !...

Ce tutoiement acheva d'exaspérer madame Myre.
Elle se dressa d'un jet, et, repoussant de toutes
ses forces cet homme qui, à présent, lui faisait
horreur, elle cria d'une voix rauque :

— Je ne veux pas !... Je ne veux pas !

Il recula stupéfait et dit :

— Ah! par exemple !... Elle est forte, celle-là...

Il alla prendre sur la cheminée le revolver et
revint vers la jeune femme qui suivait ses mouve-
ments d'un œil effaré.

Il se sentait infiniment calme et ce calme le
surprenait.

C'était, en réalité, pour se faire une célébrité et
pour éblouir la galerie devant laquelle il posait
qu'il se préparait à tuer. Mais c'était aussi un
peu pour éprouver une sensation nouvelle, et, en
constatant la tranquillité absolue avec laquelle il
agissait, il craignit de ne pas ressentir la sensation cherchée. S'il ne vibrait pas, cette fois, c'est
que, décidément, son Moi ne voulait pas vibrer.

Il continuait à marcher vers Suzanne. Quand
il fut tout près d'elle, il la regarda, et son regard
était si impitoyablement féroce qu'elle devina tout
à coup sa pensée. Elle se leva et voulut se sauver
mais elle le vit tout contre elle, et, sentant la
fuite impossible, elle se rassit, terrifiée, les yeux
fous, n'essayant même pas de détourner l'arme

qui frôlait déjà les petites mèches de son front.

Le coup partit. Elle ferma les yeux, s'étonnant de pas ressentir une plus vive douleur. On ne souffrait donc pas beaucoup pour mourir?... Un instant, elle vit passer devant elle de grandes roses qui s'éparpillaient, tournoyaient dans l'air et se rejoignaient pour se quitter encore... et il lui parut que ces roses ressemblaient à celles de la doublure de perse du vieux fiacre... Et loin, bien loin, dans les branches du petit bois des Hêtres, elle aperçut Jacques de Guéray, lui disant avec son bon sourire triste :

« Je vous aime tant, Suzanne !... Je vous aime depuis si longtemps !... »

Elle ouvrit les yeux. Ganuge, penché sur elle, se redressa brusquement. Elle entendit une détonation et sentit une effroyable secousse, et elle eut conscience que, cette fois, c'était la mort. Une mort abominable, loin de ses enfants, loin de Dieu. Elle se souleva, poussant un cri sauvage, une plainte de bête blessée, et retombant violemment, roula à terre, où elle resta sans plus bouger.

Ganuge s'était reculé pour ne pas recevoir sur lui le corps de Suzanne. Le front humide, la gorge sèche, il se rapprocha lorsqu'il la vit immobile, morte cette fois pour tout de bon. Et il songea qu'à présent le plus dur de sa besogne restait à faire. Il n'y avait pas à reculer, il fallait tirer sur lui-même, sous peine de passer pour un vulgaire assassin. Et, à ce propos, une inquiétude lui vint que ses amis Thomas et Barbara, qui devaient faire le guet, n'eussent l'idée d'entrer tout de suite?... Non!... à peine s'ils étaient arrivés!... Ils n'avaient pas entendu les coups de feu!... Mais le cocher, il avait dû entendre, lui?...

Le jeune homme ouvrit la fenêtre et regarda à travers les persiennes.

Le cocher s'était installé dans le fiacre. Sa tête se trouvait cachée, mais à la pose molle de ses jambes repliées de côté, à l'aspect tassé de son corps, Ganuge comprit qu'il dormait.

Alors, il s'occupa de préparer la mise en scène.

Il commença par déshabiller Suzanne. Les deux blessures, reçues à la tête, près de l'oreille et au front, avaient à peine saigné le long de la tempe. Sur le parquet il ne trouva pas une seule goutte de sang.

Le corps lui sembla horriblement lourd, et il eut beaucoup de peine à le déshabiller. Vingt fois il s'arrêta, le front en sueur, prêt à y renoncer. Quand il fut enfin parvenu à enlever les vêtements, il traîna la jeune femme jusqu'au lit, sur lequel il la hissa difficilement. Il ramena sur elle le couvre-pied de soie brodé au chiffre de madame Lemol, et alla prendre sur la cheminée le bouquet de violettes, que Suzanne y avait posé en entrant. Dénouant le bouquet, il éparpilla les fleurs autour de la jolie tête toute blanche de la morte et mit ensuite de l'ordre dans l'appartement, relevant les vêtements et les posant soigneusement sur des chaises. Quand ce fut fait, il chercha un crayon sur le bureau de sa sœur, et écrivit sur un papier, qu'il plaça bien en évidence devant la pendule :

« Nous mourons parce que nous nous aimons ! »

Et il revint vers le lit. . . . .
. . . .

Puis, ce fut fini !... Il n'y avait plus à reculer.
Il s'approcha de la glace, entra dans sa bouche deux doigts de sa main gauche, écarta la chair pour élargir le vide, introduisit le revolver et tira, se traversant la joue. Il poussa un hurlement. Non seulement la blessure lui faisait assez mal, mais encore il s'était brisé une dent avec le canon du revolver. Depuis huit jours, il piochait le coup, s'appliquant à prévoir le mouvement de recul, mais la terrible peur qui le faisait trembler avait tout gâté.

En retirant l'arme de sa bouche, il fit partir involontairement un second coup, qui passa à une ligne de son menton et lui roussit la barbe. Alors, effaré par la vue du sang qui coulait de sa joue, il s'assit et attendit.

Bientôt on heurta à la porte d'entrée, et il

songea qu'il avait oublié de la rouvrir. L'attente allait être bien plus longue !... Et il souffrait !... Quelle faute !...

Cependant des coups violents retentissaient. En même temps, il entendit la voix de son beau-frère Duclos, et il pensa :

— C'est lui qui tape avec une bûche, l'animal !

Puis un coup plus fort et le bruit de l'arrachement de la serrure. Puis des pas dans l'escalier. Ganuge se précipita sur les flambeaux, souffla les bougies et revint s'accroupir au pied du lit.

Ce fut le gros Duclos qui entra le premier dans la chambre.

— Tonnerre !... — fit-il — on n'y voit goutte !

Craignant que son beau-frère ne marchât sur lui, le jeune homme se mit à gémir sourdement.

M. Thomas, qui entrait, cria :

— Il est là !... il n'est pas mort !

Le cocher avait frotté une allumette.

Duclos poussa un cri, il venait d'apercevoir madame Myre.

M. de Guéray courut au lit et murmura, atterré, pensant surtout à la douleur de sa femme :

— Pauvre Charlotte !...

La marquise avait été en patinant jusqu'à Champigneulles. Là ôtant ses patins, elle était partie en courant sur la route.

Arrivée depuis une demi-heure environ, elle

avait réveillé le cocher et appris, de lui ce qu'il savait.

— Madame Myre était là depuis une heure, avec un jeune monsieur qu'il ne connaissait pas, mais qui devait être un parent « à madame Lemol, architecte », vu qu'il avait les clefs de la maison...

Comme la porte était fermée, la marquise était partie pour chercher le garde forestier qui habitait à cinq cents mètres de la villa.

Quand elle revint avec lui, elle aperçut les voitures arrêtées, celle du brasseur et aussi la sienne, qui avait amené M. de Guéray. Elle s'élança dans la maison et monta. En entrant dans la chambre, elle vit tout de suite Suzanne.

— Ah! — fit-elle douloureusement — nous sommes arrivés trop tard!...

Elle restait plantée contre le lit, immobile, les yeux sans larmes.

Elle demanda :

— Et lui?... Où est-il?...

M. Duclos démasqua Ganuge, qu'on avait couché sur un divan.

— Oh!... — cria la marquise indignée — il est vivant, lui!... J'aurais dû m'en douter?...

— Il s'est tiré deux coups de revolver dans la bouche — dit M. de Guéray, voulant excuser le jeune homme — et il s'est manqué...

La marquise répondit :

— Il ne l'a pas manquée, elle!...

— Comment?... — murmura le marquis — vous croyez que c'est lui qui...

— Moi, j'en suis sûr!... — affirma le gros Duclos.

Ganuge se souleva!

— Eh bien, oui, c'est moi!... Elle m'a fait jurer de la tuer quand nous aurions été l'un à l'autre!... Nous nous aimions! Nous voulions mourir!

—Eh! — dit violemment la marquise — jamais Suzanne n'a été à vous... jamais!... A vous?... Allons donc!...

Et, montrant le corps de madame Myre :

— Est-ce dans cette... tenue qu'une femme coquette comme elle veut mourir?... Tenez, c'est fou de penser qu'on peut croire ça?...

Ganuge poussa un gémissement.

— Pauvre Cher Grand! — murmura Barbara.

— Nous mettrons les morceaux doubles pour t'aimer, va!... — dit M. Thomas en embrassant tendrement le jeune homme.

Madame de Guéray fit un mouvement de dégoût.

—Ne pourrait-on — demanda-t-elle — mettre monsieur Ganuge et ses amis dans une autre pièce!...

— Allons!... oust!... — dit le brasseur, en faisant lever brutalement son beau-frère, qu'il plaça entre le marquis et lui pour le faire sortir.

XV

L'instruction de « l'affaire Ganuge » se poursuivit rapidement. Le jeune homme, conduit le soir du meurtre à la prison de Nancy, recevait ses amis et sa famille, et — disait-on — écrivait des Mémoires qui feraient sensation.

MM. Thomas et Barbara — restés chez les Lemol à la suite de cette providentielle affaire, où ils figuraient comme témoins — parlaient même de faire paraître avant « *La Raréfaction Vibratile du Moi* », ces mémoires palpitants.

Les Guéray n'étaient pas partis pour Paris, et Jacques devenait plus sombre chaque jour. Il avait accueilli l'annonce de la mort de Suzanne avec une tranquillité extrême. Il valait peut-être mieux — disait-il — que ça eût fini ainsi qu'autrement.

Mais depuis que les indiscrétions des magistrats et les récits de Ganuge à ses amis révélaient, vrais ou faux, des détails ignobles; depuis qu'il se rendait compte qu'à l'audience, Suzanne, qu'il avait tant aimée, serait traînée dans toutes les boues, une horrible tristesse le déprimait.

La marquise voyait avec chagrin ce changement. D'abord elle s'était étonnée de la philosophie extrême de son neveu. A présent, elle s'inquiétait de sa tristesse.

Un jour où il rentrait avec le marquis d'une promenade à cheval, elle remarqua qu'il était plus désespéré et plus sombre encore qu'à l'ordinaire. Elle questionna son mari :

— Qu'est-ce qu'il a donc?... Est-ce que vous avez appris quelque chose ce matin?...

— Oui... nous avons rencontré, à Frouard, Bernard, un des gendarmes qui ont accompagné Ganuge pendant son transport de Belle-Fontaine à la prison... Nous avons fait route avec lui jusqu'à Maron, et il nous a parlé de l'affaire, naturellement...

— Eh bien?...

— Eh bien, imaginez-vous que ce misérable poltron qui est resté, à peine blessé, avec son revolver encore chargé et vingt cartouches dans sa poche sans avoir le courage de s'achever, a osé...

— Comment de s'achever?... Est-ce que vous croyez qu'il a jamais eu l'intention de se tuer?...

— Mais...

— Réclame littéraire !... Épatement des amis itou... il n'a pas voulu autre chose !... J'ai entendu, moi, à Belle-Fontaine, Duclos, qui lui conseillait de se tuer !... Se tuer ?... Ah! ouiche !...

— Eh bien, Bernard nous a raconté qu'en voiture il 'ne cessait de leur répéter, au brigadier et à lui :

— Nous nous étions juré de mourir tous deux et je vis !... Tuez-moi, je vous en conjure... tuez-moi ?...

— C'est bien ça !... Il demande aux gendarmes de le tuer !... Il doit demander au juge d'instruction de lui donner du poison...

Le marquis reprit :

— Ce n'est pas tout... Ganuge leur a donné mille détails sur... l'amour de Suzanne... sur la façon... touchante dont elle s'était donnée à lui...

— Jamais Suzanne ne...

— J'en suis convaincu !... Mais enfin, ma chère amie... l'autopsie est là... on discutera les probalités...

— Mais c'est horrible !...

— Jacques a bien compris que Ganuge avait essayé sur les gendarmes les effets destinés à l'audience... Eux-mêmes ont, d'ailleurs, deviné qu'il préparait déjà sa défense... Il leur paraît extrêmement habile, et ce Bernard, qui n'est pas un imbécile, a été frappé de la netteté et de l'élé-

gance de ses phrases... Eh bien, Jacques, qui
déjà ne pensait qu'aux écœurants débats qui se
préparent, a été très douloureusement frappé !...
Cette affaire lui causera une secousse que je
redoute... et qu'il faut subir... car nous ne pouvons rien empêcher...

Elle répéta, anéantie :

— C'est vrai !... nous ne pouvons rien empêcher !...

Depuis la mort de Suzanne, les Guéray avaient
peu vu M. Myre. La marquise ne voulait pas
se brouiller avec lui, à cause des enfants qu'elle
aimait beaucoup ; mais, d'autre part, elle ne s'é-
tait pas gênée pour lui dire, avec sa violence
accoutumée, tout ce qu'elle avait sur le cœur.

— Il était cause de tout !... Elle connaissait à
présent sa liaison avec madame Lemol !... Elle
savait qu'à l'heure où on assassinait Suzanne, il
était enfermé avec elle rue Stanislas... C'était un
pleutre ou un serin !...

Le pauvre homme, effaré, sentant qu'au fond
il y avait du vrai dans ces reproches, s'était
excusé et n'était plus revenu aux Hêtres qu'en
courant, pour y amener ses petites filles, ou venir
les y chercher.

La marquise ayant dit partout que jamais,
avant de mourir, Suzanne n'avait été la maîtresse de Ganuge, le bruit commençait à se
répandre que le jeune homme avait assassiné

madame Myre parce qu'elle refusait de se donner
à lui.

MM. Thomas et Barbara s'émurent vivement de
ce bruit. S'il s'accréditait, s'il prenait une certaine consistance, l'instruction, qui, quoi qu'on
en dise, subit toujours un peu l'impression géné-
rale, allait peut-être se diriger dans ce sens et
découvrir la vérité.

Alors, que devenait le joli roman d'amour dont
le scénario avait été si laborieusement construit?
Il ne restait plus qu'un crime passionnel, que
les jurés étaient fort capables de juger comme
un vulgaire assassinat. C'en était fait du prestige et peut-être aussi de la liberté du « Cher
Grand ».

Eux-mêmes ne savaient pas exactement ce qui
s'était passé à la Belle-Fontaine. Ils savaient
seulement que le matin de ce qu'ils appelaient
« le suicide de madame Myre », Ganuge les avait
prévenus que : « ils n'auraient plus à le blaguer.
Suzanne s'était promise. C'était pour aujourd'hui,
à trois heures, à la Belle-Fontaine, ils pouvaient
venir s'en assurer. »

Cachés dans le jardin, un détail les avait frap-
pés : c'est qu'une demi-heure au moins s'était
écoulée entre les deux premières et les deux der-
nières détonations; fait bizarre, et qui ne coïnci-
dait pas précisément avec les récits de leur ami!...
Mais bah!... A quoi bon approfondir?... Ils

jugèrent qu'il fallait avertir Ganuge des insinuations de la marquise, afin qu'à l'audience il ne
fût pas surpris si un incident se produisait.

En apprenant qu'on discutait la passion de
madame Myre ; qu'on prétendait qu'elle avait osé
se disputer à lui, l'amour-propre du jeune Raté
fut vivement froissé. Il vit s'écrouler le sclide
échafaudage de son roman. Il devait aviser tout
de suite.

— Il faut que je voie madame de Guéray —
dit-il à ses amis — je la convaincrai vite, et, convaincue que sa filleule a été ma maîtresse, je la
connais, elle n'affirmera pas ce qu'elle ne croira
plus !... Priez-la de venir me voir ?...

Mais ils refusèrent de se charger de la commission. La marquise était brutale, elle les recevrait
peut-être fort mal.

Ganuge se décida alors à écrire à M. Duclos,
qu'il n'avait pas revu depuis l'assassinat. Il le
chargeait d'aller trouver la marquise et de lui
remettre une lettre et une autorisation du Parquet.

A la grande surprise du brasseur, madame de
Guéray consentit tout de suite à faire ce que
demandait le jeune homme.

Elle s'informa de l'heure de la visite, et promit
d'aller dès le lendemain à la prison.

Et le lendemain elle sortit de bonne heure,
sans dire à son mari ni à son neveu où elle allait.

Ce n'était pas la première fois qu'elle entrait dans la prison de la rue Charles III. Plusieurs fois, elle avait été y voir de pauvres diables de vagabonds, condamnés pour de vagues méfaits.

La marquise était d'instinct l'amie de ces errants des routes, qu'elle rencontrait dans ses longues promenades. Souvent, ils se recommandaient « d'une dame très bien qui habite Clairlieu », et, tout de suite, elle accourait à leur appel.

Le directeur et une partie du personnel la connaissaient. Elle fut sans difficulté conduite à la cellule occupée par Ganuge, et le gardien la laissa avec lui, restant assis dans le corridor, adossé contre la porte.

— Il paraît, Madame... — dit le jeune homme le prenant de très haut — que vous vous permettez à mon égard certaines insinuations qu'il ne me plaît pas de tolérer plus longtemps...

Et comme elle l'écoutait, saisie de voir son incommensurable aplomb, il reprit :

— Je comprends fort bien votre dépit... Vous m'avez un jour, dans la forêt... je ne sais s'il vous en souvient encore?... défié de devenir l'amant de madame Myre?... Vous m'avez dit que vous sauriez m'empêcher d'arriver à elle !... Vous regrettez de vous être trompée dans vos prévisions, c'est bien excusable... Seulement je vous croyais... voyez comme je suis naïf... je vous croyais incapable de dénaturer la vérité...

Et changeant subitement de ton :

— Nous nous aimions tant !... Elle n'a pas souffert, je vous le jure !... Et pourtant je tremblais bien fort !... Elle est morte doucement... toute souriante entre mes bras...

Il se laissa tomber sur le tabouret de paille, et cachant sa tête entre ses mains, fit mine de sangloter bruyamment.

Madame de Guéray le regardait, exaspérée par cette comédie qu'il lui jouait; exaspérée surtout qu'il crût qu'elle en pouvait être dupe.

Elle répondit :

— Oh ! vous savez, moi, je ne coupe pas dans ces histoires-là !... Il faut garder ça pour ceux de votre école !... Si je suis venue vous voir, c'est que j'ai cru bêtement que vous vouliez tenir le serment que vous prétendez avoir fait à madame Myre.

Il demanda en écartant ses mains de son visage :

— Quel serment?...

— Le serment de vous tuer !... Je n'ai pas besoin de vous dire que, pour ma part, je ne crois pas que vous ayez jamais fait ce serment... Mais enfin, telle est votre version, et, aux yeux de ceux qui l'acceptent pour vraie, vous êtes tout bonnement un parjure... ce qui est fâcheux... même, je vous assure, au point de vue de la réclame...

Furieux de se voir deviné, il se dressa :

— Alors, vous êtes venue pour m'insulter dans ma prison ?...

— Je suis venue pour vous apporter une arme... et vous prier de vous en servir...

Elle sortit de son manchon un revolver qu'elle lui tendit. Il recula :

— Je ne me tuerai pas !... Je l'ai juré à mes amis... à mes sœurs...

— Le serment fait à madame Myre est plus ancien...

La marquise le regardait. Elle trouvait hideux ce garçon féroce et malsain.

Depuis un mois qu'il ne prenait pas d'exercice, il engraissait. Sa figure devenait bouffie et étonnamment vulgaire. Prétentieusement vêtu, comme toujours, il avait à sa boutonnière un bouquet de violettes. Tous les jours, Thomas et Barbara apportaient au « Cher Grand » des violettes en souvenir de madame Myre, qui avait voulu — disaient-ils — qu'avant de la tuer il répandît autour de sa tête les violettes de son bouquet.

Il répéta :

— C'est inutile !... je ne me tuerai pas !...

Voyant que madame de Guéray faisait un pas vers lui, il recula jusqu'au mur et cria effaré :

— Ah ça !... Allez-vous me laisser tranquille à la fin ?... Vous n'allez pas me tirer dessus, je pense ?...

Elle répondit d'une voix qu'elle ne se connaissait pas :

— Pourquoi donc pas ?...

Ce drôle immonde ne lui inspirait aucune pitié. Elle vit qu'il ouvrait la bouche pour appeler, et, se jetant sur lui, elle tira.

Il s'écroula comme une masse, couvrant de son corps le revolver qu'elle avait laissé tomber.

Le gardien s'était élancé dans la cellule. Il se tourna vers la marquise et, consterné :

— Ben, vous avez fait un beau coup, madame de Guéray !... Je vais être renvoyé, moi !...

Et il ajouta, en retournant le corps inerte :

— Il est tout ce qu'il y a de plus mort !... Ben, c'est égal !... J'aurais jamais cru qu'il était assez courageux pour se tuer !...

La marquise allait protester. Elle s'arrêta. Au fait, puisque cet homme pensait que Ganuge s'était tué, autant le lui laisser croire... on verrait après.

Lorsque, une heure plus tard, le Procureur de la République arriva, pas fâché au fond d'un dénoûement qui évitait tant de scandales, il crut cependant nécessaire de tancer madame de Guéray :

— Comprenez-vous bien, Madame, la gravité de ce que vous avez fait ?... Vous avez, en apportant une arme à un prisonnier, en l'aidant à échapper à la justice, commis un acte qui...

Elle se planta devant lui, et, le regardant avec étonnement :

— Alors, comme ça, tout de bon, vous croyez qu'il s'est tué... lui-même !...

Le Procureur se leva. Ils restèrent un instant en face l'un de l'autre, s'examinant curieusement. Puis, à l'interrogation muette du magistrat, la marquise répondit :

— Parbleu !... Moi, à votre place, je m'en serais douté tout de suite !...

Ils se regardèrent encore. Madame de Guéray sentit que la situation était infiniment difficile. Elle marcha vers la porte en disant :

— Écoutez, je serai chez moi dans deux heures... Je n'en sortirai pas... et, quoi que vous disiez... je dirai comme vous...

Le soir, pendant qu'aux Hêtres on dînait tristement, le gendarme Bernard demanda à parler au marquis. Il voulait dire, « pensant que ça ferait plais.· à tout le monde », que Ganuge venait de se suicider. Le gendarme avait entendu le Procureur de la République raconter le fait au Palais. Quelqu'un avait remis au prisonnier, pendant une visite, le revolver dont il s'était servi.

La marquise pensa que, dans tous les cas, son intervention serait connue. Elle préféra avouer tout de suite une partie de la vérité. La lettre que M. Duclos lui avait remise était cachetée, elle pouvait lui attribuer le contenu qu'elle voudrait.

— C'est moi — dit-elle — qui lui ai porté le revolver... il m'avait écrit pour me le demander...

Jacques, se leva et sauta au cou de sa tante :

— Bonne Tante Charlotte !... — répétait-il presque gaîment — bonne Tante Charlotte !... qu'est-ce que je pourrais bien faire pour vous faire plaisir à mon tour ?...

Elle réfléchit et dit en souriant :

— Épouse Yvette...

Il répondit :

— Nous reparlerons de ça !...

Et, pensant à Ganuge, il ajouta :

— Ce Ganuge !... Il a tout de même fini mieux que je ne m'y attendais !...

— Allons, bon !... — se dit la marquise, agacée — voilà que je l'ai réhabilité, à cette heure !...

Pour la première fois, depuis le meurtre de Suzanne, la soirée se passa sans qu'il fût question de la jeune femme. Il semblait que le passé s'effaçait.

Et le lendemain, en s'éveillant calme et reposée, madame de Guéray se dit :

— Je suis peut-être un monstre, mais ce qu'il y a de sûr, c'est que je n'ai jamais mieux dormi !

FIN

E. GRÉVIN — IMPRIMERIE DE LAGNY

www.ingramcontent.com/pod-product-compliance
Lightning Source LLC
LaVergne TN
LVHW021539170726
843501LV00004B/1128